**Anne JEANNE**



# UN ITINERAIRE DEUX CHOIX

LES EDITIONS DU MENHIR®

*A mon Amour*
*A nos enfants*

## Prologue
*L'autre c'est moi*

L'autre c'est moi.

Ça y est, je l'ai dit, j'ai réussi. J'ai réussi à mettre des mots, presque une phrase, voire une solution pour ce qui, jusqu'à il y a quelques heures encore, n'en n'avait pas. Je savoure ce léger temps d'avance que je possède sur vous.

Je connais le début, je connais le milieu, je connais maintenant... Je ne connais pas après.

Ignorance partagée de bonne grâce.

Ma petite avance m'offre la possibilité de crâner.

Allez... je ne m'en prive pas.

Je peux dire : je sais. Alors que de votre côté, il va vous falloir patienter quelques lignes.

Je veux m'accrocher, m'agripper à cette petite gloriole ; je veux faire la nique au loup, frotter mes doigts l'un contre l'autre, interpeller le destin d'une pichenette.

... Je ne vais pas tenir des masses de temps. Je crâne avec ma tête, mais mon menton ne veut pas, et mes larmes me trahissent... L'illusion ne tient pas.

Un problème d'alignement...

J'accepte.

Mes larmes, je les savoure, mes larmes je ne les essuie pas, mes larmes je veux les sentir, en goûter le sel. Je veux sentir le léger

tiraillement de ma peau lorsqu'elles sécheront.
Parce que ces sensations, c'est le dernier repère qui me reste, la preuve qui me confirme que tout ce qui se passe est vrai, et plus important que tout : que je ne suis pas folle.
J'accueille la douleur, elle me rassure. Elle au moins peut se targuer d'être là, avec moi. Dos au mur, juste appuyée contre le béton chaud, laissant glisser sur mon corps et sur cette matière rêche les derniers rayons de soleil de cette journée d'été, je me décide à changer de position, lentement. J'appuie mon front contre le crépi qui me griffe, je pose mes mains bien à plat sur cette épaisseur grumeleuse pour la faire rentrer dans la pulpe de mes deux fois cinq doigts. Doigts que j'écarte bien, pour les regarder, bien m'assurer qu'ils sont là, mesurer l'espace entre chacun d'entre eux, les saluer un par un, comme si je les retrouvais...

Je sais que je vais prendre une décision, que je me suis retournée pour prendre appui, pour me pousser, pour m'éloigner de ce mur, et partir.

Je vous demande juste de me suivre... de me suivre et de rejoindre l'étrangeté soudaine de mon existence.
Et puisqu'il faut un début à cette histoire, je vais commencer par remonter quelques semaines en arrière, relater du mieux que je peux le premier d'une longue suite d'évènements, et les suivants aussi... Ceux qui m'ont amenée à me cacher là, sur la terrasse de notre maison, en cette fin d'après-midi d'été.

## Chapitre 1
*Le réveil*

Le réveil vient de sonner. Décalé de dix minutes par mes soins.
Dix précieuses minutes en raison d'une obligation, d'une réunion : une présentation de première importance pour toute une troupe de clients armés jusqu'aux dents d'exigences et de questions, et puis parce que les enfants ont une sortie scolaire précisément aujourd'hui, et que la préparation des sacs à dos, gourdes, sandwiches, recherche de casquette et crème solaire va perturber de manière irrévocable le planning matinal de l'organisation familiale.

Déviation professionnelle de gestion projet ou pas, l'enchainement des tâches du matin est parfaitement orchestré dans la famille Langlois.
Depuis l'ordre de passage dans la salle de bain, au dressage de la table en temps masqué pendant la chauffe du biberon, les rotations autour de la minuscule table de petit déjeuner, la répartition des tâches: qui fait le lit, qui signe les cahiers d'école...
Le tout dans une connaissance parfaite des conséquences inhérentes à un planning établi sur le chemin critique. Le moindre grain de sable, et c'est le retard à l'école assuré. Mon mari et moi avons depuis longtemps d'un accord tacite accepté les risques associés à cette organisation en flux tendu, en raison d'un concept largement admis : l'optimisation maximale du temps de sommeil ! Et la moindre microseconde perdue... Serait tout bonnement annonciatrice d'une mauvaise journée qui démarre.

Par conséquent, le réveil sonne dix minutes plus tôt et pour ne pas réveiller celui qui pratique encore mieux que moi l'optimisation en question, je lance aussi vite que possible mon bras dans la zone de la sonnerie, et mes deux mains ne sont pas de trop pour étouffer en moins d'un geste : réveil et gémissement de protestation.
Dans la seconde qui suit, je balance mes jambes hors du lit, tandis que le haut de mon corps est en train de négocier un sursis avec ma conscience.
Je suis écrasée de fatigue, comme chaque matin. Comme chaque matin, depuis que je pratique bien avant que cela ne devienne à la mode pour le travail : la réduction du temps de sommeil.
Manière très personnelle de me prémunir des insomnies et de gérer mon stress.
J'attrape mon peignoir, je titube à tâtons en dehors de la chambre, je n'allume aucune lumière, si jamais le bébé se réveille avant que j'ai fini de prendre ma douche, adieu organisation minutée, passage en mode résolution de problèmes, et sacrifices de tâches pour pouvoir maintenir la même dead line : être avant 8h30 devant les portes de l'école.

Au menu des possibilités : abandon des cinq minutes de lecture matinale que je m'accorde en sirotant mon jus d'orange – mauvaise humeur assurée, suppression de la tâche maquillage et là c'est juste impossible car c'est LE rituel associé aux jours de réunion difficile, et au passage, un des enfants risque de partir sans son sac de goûter ou pire sans son cartable, provoquant une réaction en chaine atteignant rapidement le grade 10 sur l'échelle de Richter du stress et de l'énervement.

Conclusion depuis la naissance du petit, je suis passée maître dans l'évitement des étagères à bibelots dans le noir total, enfin presque.
Nom de ...!
Je viens d'éviter de justesse un de ces porteurs en plastique en forme de camion dont les gamins raffolent pour remplir la maison de leurs cavalcades.
Mon équilibre m'échappe, alors je me rattrape en frappant du plat de la main le mur du couloir qui mène à la salle de bain. J'ai frappé un peu fort, je me suis fait mal, je me mors les lèvres. D'autorité je reprends mes esprits. Allez une bonne douche...

... Le réveil vient encore de sonner. Je l'ai décalé dix minutes plus tôt, je le sais. En raison d'une réunion importante ce matin, et surtout à cause de la sortie scolaire des deux grands: sacs à préparer, cartables à vérifier, en plus c'est le jour où je me lave les cheveux. Je suis en train de négocier une ou deux minutes avec ma conscience et la discussion est âpre. Je suis écrasée de fatigue comme chaque matin. J'entends le bruit de la douche. Est-ce que Paul aurait oublié de me dire que c'était lui qui se levait en premier ce matin ? Ce ne serait pas la première fois, bonjour l'accord tacite sur l'organisation familiale...! Je me retourne doucement et d'un effleurement je sens la chaleur rassurante de son corps. Mais alors ce bruit ?
...

7:00 Le réveil sonne. Alors, je négocie une dernière fois, les cinq minutes habituelles avec ma conscience, qui ce matin est d'un naturel plutôt concilient. Ce n'est que partie remise, demain matin il me faudra décaler le réveil de dix minutes. J'ai une réunion importante avec ce nouveau consortium de client, présentation du projet global d'un ensemble hospitalier ultra moderne, un bijou; mais ce client fait partie de ceux qui ne se laissent pas impressionner par ce qui brille, réunion houleuse en perspective.... Demain. Pendant la négociation matinale qui va forcément aboutir à la même conclusion : je vais poser les pieds sur la descente de lit, attraper mon peignoir et me diriger vers la salle de bain, dans un silence calculé et surtout dans le noir, à cause du bébé, je rêve encore confusément, ne sachant plus si je suis déjà levée, en train de me lever ou déjà dans la douche. Cette confusion me déclenche un picotement douloureux à l'arrière de la tête... Hum... Comme si j'avais besoin d'ajouter un problème supplémentaire au rang de mes moyens pour somatiser. Je n'avais pas franchement envie de sauter de joie à l'idée de me débrouiller avec une douleur de plus. J'avais déjà à faire avec les migraines, le mal de dos, les nausées, et autres problèmes intimes, mensuels et féminins que vu mon âge j'allais encore me coltiner une paire d'années.

Depuis plusieurs années, je me suis rodée pour intérioriser toutes sortes de petits soucis, que je sais liés au stress et à mon travail, et surtout pour esquiver les douces recommandations de mon époux. C'est bête, mais plus que tout j'ai la volonté de rester maître de mes choix, d'assumer le bon comme le mauvais, même si pour cela je dois éviter les miroirs et les reflets renvoyés par la bienveillance de Paul.
Je sais Paul, je sais ce que tu vas me dire, « il faut que je me ménage ».
Je sais que tu as raison, je sais que tu es ma bouée, mon soutien, que tu es là...
Mais parfois mon inquiétude est si dure à porter qu'il me reste trop peu de place pour soulever la tienne. Alors une fois de plus je vais faire de mon mieux pour te cacher cette nouvelle douleur.

Sur le trajet de l'école, tout en acquiesçant aux explications passionnées de mon fils aîné sur sa dernière lecture, un manga machin chose, un truc palpitant visiblement ; je repense à cette confusion qui m'a préoccupée au moment du réveil. Maintenant j'en suis sûre, j'étais persuadée d'être sous la douche, et l'instant d'après j'avais la tête encore enfouie dans mon oreiller, en me demandant d'où venait ce picotement, et en me frottant la main à cause d'une légère douleur, que j'ai mis sur le compte d'une mauvaise position dans le sommeil. Bah, je secoue la tête. Juste une impression de déjà-vu comme on en a tous. Rien de plus.

- Bonne journée les enfants, travaillez bien ! Ce soir c'est Consuelo qui vient vous chercher.

Je m'appelle Sibylle. Sibylle Langlois. Je suis architecte, accomplissement posthume d'un rêve que mon père avait formulé de son vivant. Il voulait me voir construire des barrages ou des ponts, de grands ouvrages d'arts. En guise de barrages, je construis des hôpitaux ou des bâtiments de recherche, des laboratoires pour l'industrie pharmaceutique ; j'ai depuis longtemps laissé tomber la partie design pour me plonger dans le pragmatisme de la gestion de projet. Mon travail est une source d'épanouissement quotidien, presque autant que mes enfants, mais dans une autre dimension. Dimension qui est incontournable dans ce qui constitue les fondements de mon existence. Même si à l'époque actuelle, il est presque politiquement incorrect d'avouer que l'on s'éclate dans son boulot, particulièrement quand on est mère de famille nombreuse. C'est mon cas : j'ai deux fils et une fille.

Je rejoins ma voiture vers une nouvelle journée agréablement difficile, et pour elle, j'ai déjà choisi la musique qui donnera le ton. Ce sera *Streats of Philadelphia*, Bruce Springsteen, parfaitement raccord avec mon état d'esprit, et apaisant aussi ; parfait pour décaler de un ou deux crans le curseur du stress et anticiper sur la montée brutale qui saluera la première réunion de ce matin.

Au programme : derniers préparatifs avec la haute direction de la présentation de demain. Le trajet depuis le Vésinet jusqu'à Courbevoie se passe sans encombre, coup de bol extraordinaire, vu que d'ordinaire je passe l'heure syndicale de bouchons que connaissent tous les banlieusards avant d'atteindre la capitale. J'ai dû me glisser dans la bonne fenêtre entre 8h30 et 8h45 pour prendre le pont. Finalement, elle ne démarre pas si mal que ça cette journée.

Notre siège social, est un immeuble de dix étages, façades blanches, grandes baies vitrées, vaste hall en pierre marbrière et des hôtesses d'accueil qui n'ont rien à envier à Kate Moss (avant qu'elle se fasse pincer en train de s'enfiler deux rails de coke bien évidemment.)

Bienvenue à Priam Ing. Cabinet d'architectes renommé et fier de l'être.

Que les choses soient claires, je ne suis pas du matin. Tant que je n'ai pas branché mon portable sur mon bureau et mis en route ma messagerie et que je n'ai pas avalé mon premier café, je n'ai aucune qualité pour remporter le grand prix de sociabilité.

Après ce rituel, ceux qui me connaissent savent bien que ma bonne humeur prend le dessus, dès que mon premier fou rire éclate dans les couloirs.

Il y a ceux qui me connaissent et aussi les irréductibles rasoirs, comme celui qui s'approche vers moi, ventre et satisfaction de soi

bien en avant.
- Bonjour Sibylle comment allez vous ce matin !
- 'Jour Bernard
- Permettez-moi de vous dire que vous avez une petite mine ce matin, à croire que votre médecin de mari ne prend pas assez soin de vous !

Et il ponctue la fin de sa répartie par un rire dont je me serais bien passée et le clin d'œil forcé du type qui est ravi d'avoir fait une blague.
Amis de la délicatesse et du bon goût...
Attrapant les papiers que me tend Stéphanie, une des hôtesses top model, et revoyant mon opinion sur le démarrage de cette journée, je lui adresse un borborygme poli :
- hum oui...
- Je sais ce qu'il vous faut Sibylle, n'oubliez pas que Mireille et moi vous attendons toujours avec Paul et les enfants pour cette sortie en voilier, pensez y un de ces week-ends.

- Nous y pensons Bernard, nous y pensons... Bonne journée, je vous laisse... Henri m'attend là, les Américains vous savez...
- Bien sûr, Bien sûr... Bonne journée Sibylle.

J'ai le déconcertant plaisir de le voir à nouveau déformer cette chose qui lui sert de visage lorsqu'il déploie son énergie matinale dans un clin d'œil encore plus appuyé que le précédent.
Et cette fois, je suis quasi persuadée d'avoir entendu un bruit accompagner le décollement ses paupières.
En baissant mon visage que je tiens à maintenir poli, je souris.

Bernard devrait se méfier du risque de claquage ou plus précisément des crampes, vu qu'il s'agit d'un des rares muscles qu'il fait travailler.

Bernard Blanchard, directeur financier de Priam Ing.

Avec sa femme Mireille, ils possèdent un très joli ketch amarré au port de Deauville, et n'ayant par ailleurs pas d'enfants, ils sont très fiers de ce signe extérieur de richesse, d'assez bon goût il faut le reconnaître. Et ne manquent pas une occasion de le faire savoir. J'ai eu une fois le malheur d'évoquer à une pause café que mon mari était fondu de voile. J'ai signé mon arrêt de mort ce jour là... Argh! Je m'étrangle à y repenser.

Parce que bien évidemment je n'ai pas dit un mot de cette invitation à Paul, aucune envie d'aller gâcher un week-end avec les enfants, à faire des ronds de jambes avec Mr et Mme Proutmachère.

Oubliant bien vite cette perturbation, je reprends le cours de mon petit rituel matinal, je pénètre dans mon bureau et je retrouve le sourire.
Je suis accueillie par les charmants dessins de mes enfants accrochés au mur, et les différents bibelots cadeaux de collaborateurs, clients étrangers qui chacun me rappellent des souvenirs agréables.

Je sors mon portable, et en attendant que ma messagerie dépile la centaine de mails arrivés durant le week-end, je fais tourner mon fauteuil vers les fenêtres.
Je me bascule doucement en arrière et bizarrement je repense à nouveau à mon épisode matinal. Pourquoi cet événement que je

voudrais résolument classer dans la catégorie « anodin » me revient comme ça pour la seconde fois ? Ca m'agace !
C'est juste de la fatigue, il n'y a pas d'autre explications, et puis selon l'éminent Mr Blanchard, cela se voit sur mon visage...

Pour me changer les idées, j'attrape mon téléphone pour appeler Consuelo, la petite jeune fille au pair espagnole, qui depuis la rentrée s'occupe du bébé et des enfants tous les après midi après ses cours à la Sorbonne.
Je m'assure qu'elle est bien rentrée de son week-end en famille à Madrid, elle vient d'atterrir à Roissy, et oui, oui elle sera là à l'heure pour récupérer le bébé à la crèche.

Voilà qui termine le portrait de la famille Langlois : Paul mon mari depuis dix ans, neurologue. Moi, architecte. Les trois enfants, la baby-sitter étrangère.
Le loft au Vésinet. La famille parisienne bobo. Je n'aime pas ce cliché, mais je sais que parfois il faut se rendre à l'évidence, et assumer cet état de fait.
Même si des fois, forcément, je m'interroge un peu sur la futilité de nos acquis, bref...

A 9h00, je décide que le temps imparti pour écouter mes états d'âme est écoulé. Je redresse mon siège et j'attaque la rédaction du premier mail de la journée.

## Chapitre 2
*La réunion*

Deux semaines plus tard.

- Mesdames, Messieurs, il nous reste une heure de réunion et encore deux points de l'ordre du jour à traiter, aussi je vous propose de conclure dès à présent sur cette modification d'aménagement : Si vous me le permettez je vais vous rappeler les deux options que nous venons d'évoquer.

Je me tourne vers le *paper board* et j'inscris d'une écriture nette les fameuses deux options que l'assemblée vient de retenir après une heure de débat animé. Options que bien évidemment je connaissais avant la réunion, et qui sont sorties tout naturellement grâce aux éléments que nous avons amenés avec Henri, dans le fil de la discussion, dans un jeu de rôle rodé depuis de nombreuses années de collaboration. Tellement rodé que nous n'en n'avons plus conscience; connaissant la signification de chacune de nos inflexions de voix, de chacune de nos postures. Un vieux couple professionnel comme on dit.

C'est précisément dans ces moments de maîtrise du cours des évènements, comme le capitaine connait à l'avance le comportement de son bâtiment, et ce quels que soient les éléments extérieurs, que je surfe seule sur la vague tiède et salée. Je me sens entière. Je me tourne au bon moment pour capter un clin d'œil complice et protecteur d'Henri, et durant cette vraie seconde : la plénitude existe.

Nous avons bien sûr choisi l'ordre des points à aborder, nous savons qu'il sera logiquement impossible de conclure sur le dernier. C'est voulu. Nous ne voulons pas que nos clients prennent une décision trop rapide, sur laquelle ils vont immanquablement revenir dans le cours du projet. Nous devons avancer plus loin dans notre étude pour leur donner des éléments décisionnels plus marquants.
Mais il faut que le problème soit posé, et la frustration que créera peut-être cette absence de décision les poussera à la réflexion. Quelques graines semées dans un jardin que nous venons à peine de labourer, Henri et moi.
Et c'est ici, campée au bord de mon travail, que j'arrive à prendre un peu de recul sur moi et sur la situation. Je nous observe tous, et j'apprends... tout en étant actrice.
Lorsque j'y parviens, cette position de hauteur est presque grisante.

En tirant une longue bouffée sur ma cigarette, c'est ce que je me dis.

Je suis appuyée contre l'édicule technique de notre ascenseur, sur la terrasse de toiture, privilège tout juste toléré pour les quelques membres du personnel qui ont leurs entrées auprès de la direction, qui bien évidemment possède les bureaux les plus élevés de notre immeuble.
Des bureaux aux immenses ouvertures vitrées donnant sur les toits de Paris et sa banlieue, un émerveillement changeant pour qui est sensible aux paysages urbains, ma faiblesse, comme c'est le cas de beaucoup d'architectes je présume.
La salle de réunion réservée aux clients importants, comme ce grand

groupe pharmaceutique que nous recevons ce matin, est donc tout naturellement située dans le prolongement des bureaux directionnels. Ce qui permet d'offrir aux grands pontes la possibilité d'aller s'en griller une lors des pauses, sans être obligé de descendre sur le trottoir avec le petit personnel. La classe.

Je souffle la fumée lentement par les narines, la tête renversée, appuyée contre le béton, j'ai un coude posé dans ma main. Je ferme les yeux, prolongeant un soupir, et espérant qu'en les ouvrant à nouveau je reprendrai mes esprits et que tout rentrera dans l'ordre.
Parce que c'est bien sympa la griserie ressentie lorsque je me regarde en crânant : c'est bien ce que tu viens de dire là, vachement mieux que la semaine dernière avec les américains, tu progresses, c'est bien ma grande... Oui d'ordinaire c'est plutôt cool.

A la différence près que je suis vraiment à l'extérieur.
Quand je dis vraiment, c'est vraiment.

Je suis là en train de finir de tirer nerveusement sur ma Marlboro light, mais je suis aussi là, dans la salle de réunion, en train de reboucher un des feutres du tableau blanc, avec un petit clac de satisfaction, annonçant que nous allons bientôt clore la séance. Je sais que dans cinq minutes, je vais m'appuyer contre le mur en demandant à l'assemblée s'il n'y a plus rien à ajouter.

Je suis dehors et dedans en même temps.

Et cette fille que je regarde en tailleur pantalon et débardeur en soie, c'est moi, c'est pas moi... Je ne sais plus. Je fais quelques pas sur la

terrasse, j'écrase nerveusement mon mégot sur le muret. Je reviens contre une des baies vitrées, celle sur laquelle le store vénitien a été descendu, ce serait vraiment trop stupide que l'on me voit comme ça. Mes doigts se crispent sur les montants en aluminium. C'est fini. La discrétion je m'en fous.
Je tape rageusement du plat de la main sur le métal, tandis qu'un autre juron s'étouffe dans ma gorge.

...

Je suis comme à la fin de chaque réunion, appuyée contre le mur, j'ai posé la traditionnelle question à l'assemblée pour demander s'il n'y avait plus rien à ajouter. Mais si je me suis appuyée, c'est moins à cause de ce rituel rassurant appliqué à chaque fin de séance, que de ce vertige qui vient de me faire tourner la tête, et qui je l'espère est passé inaperçu.
J'ai juste levé mes lunettes pour me frotter les yeux, en attendant qu'Henri prenne le relai, comme c'est convenu entre nous lorsque je fais ce geste. Au moment où il prend l'initiative de se lever pour que l'ensemble des participants fasse de même, je me frotte la main, j'ai encore une douleur furtive comme l'autre matin.

Les clients ont quitté la salle, mon directeur a pris le relai, politique oblige, pour quelques minutes de speech un peu ronflant comme il en a l'habitude, mais qui fait mouche la plupart du temps.
Nous irons les retrouver d'ici quelques instants avec Henri pour les emmener déjeuner dans un de ces restaurants, trop branché à mon goût, qui pullulent dans notre quartier.

- Une bonne réunion me dit Henri en s'approchant tandis que je

range mes documents avec une application calculée.
- Oui, je trouve aussi. J'ai adoré quand tu as sorti l'exemple sur notre projet du Canada, ça les a un peu scié je crois... En tout cas j'ai eu la paix pour enchaîner comme je le souhaitai et comme d'habitude, je t'en suis plus que reconnaissante.
- Que veux tu, c'est ça les vieux couples...
- Arrête, je vais finir par croire que tu te fais des idées.
- Toujours !
- Henri... s'il te plait !

J'attrape mon paquet de cigarettes dans la poche de ma veste, et j'ouvre une des baies vitrées, en lui faisant un signe de tête pour qu'il me suive. Je sens son regard dans mon dos, je devine déjà ce qu'il va ajouter, et je veux m'appuyer au bord de la terrasse pour entendre ce qui va suivre.

- Bon, sinon, excuse moi d'avance de te dire cela mais... c'était sans commune mesure avec ta prestation avec les Américains.
- Ne m'en parle pas... Je ne t'étonnerai pas en te disant que je me suis fais la même réflexion, ils me rendent trop nerveuse ces amerloques...
- Hum...
- Oh arrête Henri, ne me la fais pas s'il te plait...je sais parfaitement que tu as compris, et...
- Et tu sais ce que j'en pense.
- Pas de leçon de morale s'il te plait, c'est certainement bien plus compliqué que tu ne l'imagines, j'ai pas besoin de ton jugement... pas en ce moment...
- Sibylle, sache une chose... Jamais je ne te jugerai et tu le sais. Et tu sais certainement que j'ai tout de même beaucoup plus vécu que toi...

Alors je dirais juste qu'il faut que tu trouves un moyen de régler cela, le reste ne me regarde pas.
- J'ai surtout besoin de comprendre ce qui arrive, et quand ce sera le cas... et bien... j'imagine que je trouverai un moyen. Et j'ajoute pour moi-même : « et j'ai aussi besoin de le vivre... »
- Tu es fatiguée Sibylle, ça se voit, à la fin de la réunion j'ai bien vu que...
- Henri, s'il te plait rappelle-moi de ne jamais te demander de m'épouser, tu devines trop de choses sur moi...
- N'empêche que tu dois te ménager et...
- Déjà entendu ça quelque part...
- Si c'est Paul, permets-moi de te dire qu'il a raison.
- Je sais... mais tu sais avec toutes ces réunions, il n'y a pas un soir où je ne me couche pas avant 1 heure du matin. Tu me connais... Je veux tout préparer, dans les moindres détails, il m'est insupportable de ne pas tout connaître par cœur, et...
- Trop de préparation tue la préparation...
- T'as lu ça dans Marie-Claire ?...
- Déconne pas s'il te plait, tu sais très bien ce que je veux dire, tu es parfaitement capable d'improviser un peu plus, tu n'as pas besoin de tout ça... Essaie une fois au moins ! Et pour la 250ème fois, prend un peu plus de recul... tu peux le faire!

Je détourne le regard, je ne réponds rien.
Je sais qu'il a raison, mais cette expression, prendre du recul, m'a parue si souvent vide de sens.
Je n'y arrive vraiment bien que dans des moments de grande sérénité professionnelle ou de grand bonheur personnel, par exemple en famille ou avec Paul, quand je nous vois heureux et que je nous

trouve beaux.

Mais est ce que je dois dire à Henri qu'en à peine quelques semaines, je viens de passer sans problème cinq niveaux dans la prise de recul, et ce sans perdre une seule vie ; dans mon jeu à moi, j'ai même eu visiblement le privilège d'en gagner une supplémentaire.
Comme je voudrais lui parler, lui faire part de mon soudain accès à ce point de vue tout aussi aérien que déconcertant, assorti de la mention « mérite un détour » sur la carte de mes récentes inconstances.
Comme je souhaiterai nous voir ensemble, dans cette salle de réunion, poser le problème sur la table, étaler les documents, les plans, les notes, énumérer les idées, les adopter soulagés, puis les remettre en cause, énervés, avancer, repartir, fumer, s'agacer, insister, faire la synthèse au tableau, définir un plan d'action, un calendrier minuté, rayer de rouge les points à corriger, entourer les modifications des nuages appropriés, satisfaits. Faire notre métier.
C'est dans ces moments là que j'aime que l'on s'attende.

Je voudrais l'arrêter, attraper son épaule, juste lui dire d'attendre... mais nous n'avons pas le temps, dans quelques secondes il faut que l'on rejoigne les autres.
J'essaye de me consoler en me forçant à admettre qu'Henri finalement ne pourrait pas me rendre service pour ce qui m'arrive. Il est beaucoup trop cartésien, il va éluder le problème, le mettre sur le compte de la fatigue.
Il aura certainement raison d'ailleurs, je ne vois pas pourquoi j'essaye d'y voir autre chose.

- Sibylle ? Tu viens ? Il faut qu'on y aille maintenant !

- Oui, oui j'arrive attends, j'écrase juste ma cigarette et...
- Ne laisse pas traîner le mégot, si tu ne veux pas d'histoires !
- Oui Papa !

J'arrive Henri, j'arrive. Je tortille ma cigarette à peine entamée sur le bord du muret et...

Oh NON ! C'est pas vrai !

En repassant devant lui, je cache bien soigneusement la sueur froide qui me coule dans le dos. Dans ma main serrée, j'ai deux mégots.

## Chapitre 3
*Sur la route*

Extérieur station service BP juste avant Chalon /s/ Saône.

Je relève le col de ce vieil imperméable qui trainait encore dans le coffre de ma voiture. Il fait un froid polaire ce matin, auquel bien évidemment je ne m'attendais pas, nous sommes tout de même début juin, et la semaine dernière la France entière avait baigné dans une chaude canicule annonçant que l'été n'était plus très loin. L'hiver se moquant bien des préséances saisonnières a décidé un come-back, et je me maudis de n'avoir pris que des jupes courtes et des débardeurs pour ce déplacement. Je sautille d'un pied sur l'autre, pas facile avec des talons de dix centimètres, et j'attaque ma deuxième cigarette avec mon deuxième cappuccino, un truc arôme noisette écœurant, délicieux.

Ce n'est pourtant pas le froid qui me fait râler, ce sont mes pensées. Et des sources de réflexions et d'interrogations, j'en ai pour mon compte depuis ces derniers temps.
Mes « décalages » avec moi-même comme je les appelle à présent : une bonne dizaine depuis cinq semaines exactement.
Le coup du réveil, le plus fréquent, tout juste si j'y prête attention maintenant. Plusieurs fois au travail, en réunion, aux pauses café, et puis l'autre soir en discutant avec Consuelo de l'une des dernières trouvailles absolument tordantes de rire du bébé, et bien j'étais

précisément en train de me regarder depuis le coin de la terrasse.

Ces « décalages » ne se ressemblent pas tous, même si un des points communs est ce picotement à l'arrière de la nuque que je ressens dès que les choses sont rentrées dans l'ordre, avec un étourdissement plus ou moins important suivant la distance à laquelle je me situais de moi. En outre, j'ai assez rapidement identifié « le mécanisme » pour me réintégrer (je le reconnais, cette expression ne dénoterait pas dans un épisode de Star Trek...) : il me faut taper du plat de la main sur un mur, ou un montant métallique ; si possible plutôt fort pour que la douleur soit présente, et je frotte avec application ma main droite rien qu'en évoquant la question.
Le vrai point de non ressemblance c'est moi, juste moi, puisque je n'arrive plus à identifier si c'est moi qui m'observe, ou plutôt si c'est moi qui me sens observée.
Je n'arrive plus à savoir de quel côté de la vitre je me situe, ou bien de quel côté du miroir, si je fais référence à cette bonne vieille Alice.
C'est moi, ce n'est pas moi, c'est les deux.
Cette analyse poussée me permet également de mettre en évidence que le décalage de lieu s'accompagne parfois d'un décalage temporel, comme si je revivais le même moment plusieurs fois, un peu en avance, et un peu en retard, et les deux en même temps.
Je l'admets, tout cela n'est pas d'une grande clarté, dit autrement c'est un vrai foutoir, et ce foutoir est plus qu'inquiétant.

Je pourrais donner l'air d'évoquer la question avec une vraie sérénité.
Bonjour, je m'appelle Sibylle, je souffre de dédoublement de la personnalité, mais c'est cool, j'assume et je vis avec.
Autre problème ? Non, je plaisante... ce n'est pas du tout ça.

En définitive, cela fait quatre nuits que je ne dors plus et que j'écluse le Net, en googlant tout ce que je peux sur la dépression et les troubles psychiques associés (bien sûr que j'y pense, j'ai pile l'âge et le niveau de stress suffisant pour me taper une bonne dépression nerveuse, donc je n'écarte pas la possibilité).
Sur la schizophrénie, sur les troubles de la personnalité, Alzheimer précoce...
D'accord c'est tout aussi débile, mais après tout pourquoi pas ? Sur les méfaits des ondes électromagnétiques, wifi, téléphone portable, l'influence de tout ce bazar moderne sur notre fonctionnement cérébral... Le futur mal du siècle paraît-il.
Un truc qui bogue dans la chimie complexe de mes neurotransmetteurs, le genre qui vous emmène droit à l'asile sans passer par la case départ, et au lieu des 200 €, un ticket gratuit pour les psychotropes, anxiolytiques et autres bijoux du développement chimique fabriqués par mes chers clients.

D'ailleurs, en fouillant dans les affaires de Paul, je suis tombée sur le nom d'un éminent spécialiste des mystères du cerveau humain, un grand ponte très écouté dans tous les congrès, et par un heureux hasard de passage à Paris ces jours-ci.
J'ai trouvé un prétexte, bidon bien évidemment, en utilisant le nom de mon mari pour obtenir une entrevue un peu particulière (pour ne pas dire une consultation, sinon, il ne m'aurait pas reçue) pour demain soir.

Une partie de moi se dit qu'il n'y a rien à attendre de ce rendez-vous, l'autre partie est persuadée d'obtenir enfin une explication bien rationnelle mais néanmoins rassurante, et la troisième (et oui, en ce moment je fais dans le tarif de groupe...) est prête à admettre un problème de santé quelconque et à accepter les conclusions médicales qui s'imposeront.

Mais pour cela il faudrait que je rentre à Paris, j'en ai encore pour trois heures de route si je ne traine pas trop.

Enfin deux heures et demie plutôt.

Oui parce qu'en fait, je suis montée dans ma petite Audi il y a une demi-heure environ, pestant après le froid poussant le chauffage à fond, et bénissant l'invention des sièges chauffants.

Je le sais, je me suis vue faire.

Et là... Et bien j'ai un décalage de trente minutes, et certainement d'une cinquantaine de kilomètres avec moi même.
Et je suis morte de trouille à l'idée des conséquences de ce que je m'apprête à faire.
Alors j'écrase ma cigarette, je jette le gobelet du cappuccino dans la poubelle, et je m'éloigne un peu des regards des routiers, qui sont en train de se rincer l'œil sur mes jambes depuis ces fameuses minutes, pour passer à l'arrière de la station service.
Je prends une grande inspiration, et de toutes mes forces, je frappe la main droite bien à plat sur ce mur de béton, en essayant de me visualiser le plus nettement possible au volant de ma TT.

...

Ok... Ok....
Un à un, mes doigts se resserrent sur le volant.
En calant mon front sur mes poignets, je tente un résumé pragmatique.
Je suis vivante.
Je suis consciente.
Je ne saigne pas.
La voiture est en travers, mais toujours sur ses quatre roues.
Le trente-cinq tonne n'est plus là, tout comme son sillage tout en klaxon, violence et vrombissement.
Silence.

Mon corps est bien là, lui.
A en croire ma respiration qui racle et râle comme un vieux tuyau, et mon cœur incroyablement présent, vu qu'il a pris sur lui de pousser tous les curseurs à fond : volume, rythme, basses.
Pas de casse matérielle.
Juste froissée de l'intérieur. Je lisse doucement mes paupières avant de me décider à relever la tête, je plisse les yeux qui me piquent encore pour redresser le rétroviseur.
Je viens, je pense, de passer très, très près du tonneau, expérience dont bien évidemment je me passe et j'en profite pour bénir tous les bienfaits de la technologie moderne, ABS, ESP et toutes ses innovations qui ont forcément contribué à me maintenir à flot.
Je bénis également, l'heure.
Il est moins de 7h00 du matin, et l'autoroute, mis à part ce camion, était définitivement déserte, je n'ai donc dérangé personne en effectuant les trois zigzags dont j'observe actuellement le dessin sur

l'asphalte derrière moi.
Je puise dans toutes mes ressources de gestion du stress, cours de respiration et de sophrologie (heureusement que j'ai trois accouchements et leur préparation associée derrière moi) pour tenter d'intimer l'ordre à mon cœur d'abandonner sa tentative de figurer au *Guinness Book* des records du nombre de pulsation à la seconde.

Tout va bien... tout va bien, je suis là.
Je pense à Paul, aux enfants. Je passe une main sur ma nuque, tentative vaine pour faire disparaître ces picotements un peu plus vite et doucement, tout doucement, je repasse la première. Je redémarre, direction Paris.
Il me reste deux heures et vingt cinq minutes de route.

## Chapitre 4
### *Un avis médical*

19h30 - Paris XVI$^{ème}$ arrondissement, le lendemain, cabinet du Docteur Gérard Delcourt.

Je fais les cent pas dans la salle d'attente, j'arrange ma frange devant le miroir mis à disposition des patients, j'ai soigné ma tenue comme si je me rendais à un premier rendez vous.
Robe élégante à bretelles, escarpins ivoire, maquillage discret.
Il va falloir jouer serré pour faire la transition entre mon gros bobard et le but réel de ma visite, auprès du beau Professeur Delcourt.
Je dis beau, parce que c'est vrai. Si j'en crois les photos qui figurent à l'arrière de ses bouquins exposés dans le hall d'entrée, ce monsieur porte la soixantaine avec classe. Et un regard lumineux qui a dû en irradier plus d'une il y a vingt ans en arrière.
La porte de son bureau s'ouvre :
- Madame Langlois je présume ?
- Oui, bonsoir Professeur dis-je en m'avançant vers lui, la main tendue.

Je prends bien garde à ne pas être surprise quand il saisit ma main et se penche sur elle pour un baisemain. Ça pourrait sembler ridicule, mais je n'arrive pas à définir pourquoi, ça ne l'est pas.
Il s'efface ensuite devant moi pour me laisser entrer dans son cabinet, et entame la conversation tout en tirant un des fauteuils face à son bureau, m'invitant d'un geste discret à m'asseoir .

- Mon assistante m'a parlé d'un problème avec votre mari Paul... Visiblement il ne peut plus me seconder pour la préparation du congrès de Barcelone le mois prochain, un problème suffisamment grave pour que ce soit son épouse, au demeurant charmante, qui vienne m'apporter les explications qui je l'espère sont valables.
- Professeur je vous demande par avance d'accepter mes excuses. Mon mari va bien je vous rassure. Il ne manquera à aucun de ses engagements envers vous. Ne réussissant pas à vous joindre directement au téléphone, j'ai utilisé ce stupide prétexte pour vous rencontrer en toute discrétion. Je souhaitais vous rencontrer à titre strictement personnel.
Je ne vous cache pas que c'est un peu embarrassant...
- Je vous écoute…
Je note une touche d'impatience dans sa réponse... Normal.
Alors j'essaye d'appuyer mes propos avec mon plus beau sourire, croisant les doigts en pensée.
- Hum, voyez-vous, je souffre subitement de troubles inquiétants de la personnalité, troubles qui me semble-t-il sont directement en rapport avec vos récentes études....
Je prends une grande inspiration avant de poursuivre...

- Eu égard aux rapports que vous entretenez avec mon époux et à la nature euh... peu commune de mes ennuis de santé, je vous serais reconnaissante de ne pas lui faire mention de cet entretien et d'avoir la patience de m'écouter. Au vu de la galanterie dont vous faite preuve à mon encontre depuis le début de cette entrevue, j'ai fort à penser que vous me comprenez.
- Madame, sachez que je suis beaucoup moins sensible à la flatterie, qu'à la beauté des jolies femmes telles que vous. Si en plus elles ne

manquent pas de culot, cela ne fait que renforcer mon intérêt. Aussi, chère Sibylle, c'est Sibylle n'est ce pas? Je vous invite à poursuivre et à me dire enfin les véritables raisons de votre agréable visite.

Nous y voilà... Et bien ma grande, c'est le moment de se jeter à l'eau. Je me renverse en arrière dans mon fauteuil et j'entame alors la longue description des cinq semaines les plus étranges de ma vie, avec pour point culminant ma violente expérience routière de la veille.
Silence.
- Et bien ! On peut dire qu'en plus de votre beauté... Ne levez pas les yeux au ciel Madame Langlois, ce n'est pas en accord avec les mots que je viens de prononcer... Profitez du compliment tout simplement ! Bref, je veux simplement dire qu'en plus de cela vous êtes une femme surprenante. J'envie par avance votre époux.
- Paul ne sait rien de tout cela, comme je vous l'ai déjà expliqué.

Difficile de cacher l'agacement qui doit pointer dans ma dernière réplique... Encore cinq minutes de plus de paroles mielleuses et je vais revoir tous mes critères concernant la définition de la classe.
Heureusement le beau professeur se redresse de son fauteuil et saisissant un stylo sur son bureau, commence à écrire tout en me parlant.
- Bon, passons aux choses sérieuses. Il est bien évident qu'au vu des expériences que vous venez de vivre une IRM cérébrale s'impose. Aussi je vais vous écrire une ordonnance accompagnée d'une lettre de recommandation pour que vous obteniez un rendez-vous dès la semaine prochaine. Vous appellerez dès demain le professeur Cochin de ma part, et je resterai en contact avec lui, pour obtenir les résultats

de son examen au plus tôt.
Ensuite nous allons passer à côté. Levez-vous Sibylle, je vous en prie.

Je n'aime pas trop le ton sérieux qu'il prend tout à coup. A quel moment ai-je dit que je ne supportais plus ses paroles mielleuses ?
- Passez à côté, je vous prie, c'est une petite salle d'examen, bien moins équipée que celle que je possède à l'hôpital, mais parfait pour une petite exploration dans votre cortex.

C'est le moment que je redoutais le plus, il va m'assener tout un tas de termes techniques, tous plus flippants les uns que les autres. Je ne dis rien, j'obéis docilement, pour l'instant... Je me retourne néanmoins pour revisualiser rapidement où se trouve la porte de sortie, pour le cas où je déciderai subitement que la meilleure option serait de... fuir en courant !

S'ensuit un rapide examen neurologique, comme il me l'explique doucement, où il me demande d'enchainer plusieurs gestes les yeux fermés. Ça ressemble aux tests que l'on se faisait lorsqu'on était étudiant pour déterminer lequel était le plus bourré, et auquel il fallait impérativement confisquer les clés de voiture.
Puis la scène classique de toutes ces séries médicales à la mode, où le beau docteur pose tout un tas d'électrodes sur le front de la jolie patiente.

Lorsque je sors du cabinet, je suis légèrement bouleversée, je ne sais pas de quoi sera fait l'avenir proche, mais j'ai définitivement l'impression d'avoir franchi une étape.
Pour en revenir à mes interrogations de la veille.

Difficile de savoir laquelle des trois parties de moi-même avait raison finalement.

*

Le soir à la maison, après le dîner

Les enfants sont couchés et Consuelo est partie retrouver des amis dans Paris, elle ne rentrera pas ce soir. J'ai bien vu que Paul avait quelque chose à me dire et qu'il attendait que l'on soit seuls pour entamer la conversation.
- Sibylle ?
- Moui ?
- J'ai eu ce matin un coup de fil étrange de l'assistante du Professeur Delcourt...

Aïe !

- Un truc absolument incompréhensible à propos du congrès que je dois préparer avec lui, que j'étais soit disant souffrant que tu allais passer, mais elle voulait confirmer l'horaire... Bon elle me dérangeait alors que j'étais déjà à la bourre pour les visites à l'hôpital, donc j'ai écourté la conversation sans y prêter d'importance sur le coup... Mais en fin de journée, quand j'ai enfin trouvé cinq minutes pour y repenser je me suis demandé ce que c'était que ce bordel, et qu'est ce que toi tu avais à voir là dedans ? Tu es au courant ?
- Euh...
- Sibylle ! Ne me dis pas que tu te mêles de mon boulot, moi je n'espionne pas ton agenda que je sache !
Et flûte ! J'ai pris mes précautions auprès du professeur et de la standardiste, mais j'ai oublié le traditionnel zèle de l'assistante qui ne

rate pas une occasion de se faire mousser. D'autant que dans le milieu de la neurologie, j'imagine que toutes ces pimbêches doivent se la péter grave. OK, là je n'ai plus d'alternative, alors je vais jouer ma meilleure carte, celle qui en général marche plutôt pas mal avec les clients : la transparence... enfin le maximum de transparence possible... J'ajusterai le curseur en direct live. Allez... c'est parti.
- Bon écoute Paul, je pourrais te raconter un bobard, comme quoi j'ai essayé de trafiquer ton agenda pour te préparer une surprise à l'occasion de notre anniversaire de mariage...
Un petit rappel au passage, ça ne peut pas faire de mal, et en voyant son regard légèrement emprunt de culpabilité je vois que j'ai fait mouche. Sibylle ! Tu exagères... Reviens un peu dans le cœur du sujet là !
- Non plus sérieusement Paul... Excuse-moi d'abandonner le ton du badinage, mais... c'est sérieux, je suis inquiète à mon sujet... ma santé je veux dire...
- Attends c'est quoi le plan là ?
- Voilà, j'ai semble-t-il des problèmes genre dédoublement de personnalité, avec une pointe d'hallucinations, quelques vertiges et autres picotements bizarres et...
- Et ça fait combien de temps ?

Paul vient de changer de ton, en une demi-phrase ce n'est plus mon mari qui s'adresse à moi, mais le médecin.
- Cinq semaines... et ça empire....
- Et tu m'annonces ça froidement ! Mais t'es complètement folle !
Re-changement : dans le regard cette fois, je devine l'inquiétude du père de famille... il a raison, mais...
- Euh... Paul, s'il te plait, si tu pouvais éviter de prononcer ce mot... je

t'en serais reconnaissante parce que ...
Mes yeux se brouillent, et ma voix commence à trembler...
- Sibylle, attends... Excuse-moi mon cœur... Je voulais dire, mais c'est de la folie, il ne faut pas plaisanter avec ça. Mon petit doigt me dit qu'il ne faut pas non plus que je t'interroge sur la raison qui t'as poussée à en parler à un autre médecin que moi.

Je secoue doucement la tête. Mon Paul... je reconnais bien là ta prévenance légendaire... tu as tout de suite su mettre ta fierté de côté... Non je ne t'en ai pas parlé, oui je voulais voir un autre médecin... tu as compris, tu ne poses pas de questions, tu es mon mari et je t'adore pour ça.
- Et qu'est ce que t'a dit Delcourt ?
- Bah, il était pas mal préoccupé par l'observation de mon décolleté...
- Ah oui ! Si tu m'en avais parlé je t'aurais prévenue... Ce type est d'une compétence rare dans le milieu, mais pour quelqu'un qui a organisé sa vie autour de la compréhension du cerveau humain... On s'accorde tous à dire qu'il a souvent un pénis à la place du sien... Je ne te raconte pas les bruits qui courent sur lui pendant les congrès...
- Paul !
- Oui pardon, excuse-moi... continue.
- Et bien mon examen neurologique est normal.
- Bien, ça !
- Je dois passer un scanner ou une IRM je sais plus, il faut que je prenne rendez vous...
- Et tu vas t'en occuper j'espère !
- Oui, oui...
- Sibylle !
- OK, je m'en occupe demain promis.

- Et ensuite ? Je suppose qu'il t'a fait un encéphalo...
- Le truc avec les électrodes ? Oui, oui il l'a fait... Bon visiblement tout va bien... sauf que de temps en temps mon activité cérébrale s'emballe un peu, genre comme ce qui se passe dans la phase de sommeil paradoxal... Sauf que là je suis parfaitement réveillée... Il paraît que ça arrive... mais c'est super rare... En tout cas, il voudrait me faire le même examen sur une plus longue durée... pour voir s'il arrive à m'enregistrer au moment où je ressens un de ces troubles... Mais il y a un hic...
- Et c'est ?
- Ben c'est qu'il faut trouver une semaine, au mieux deux, pour faire tous ces enregistrements à l'hôpital et je ne suis pas très emballée.
- Attends, t'as dit quoi là ?
- Que je n'étais pas très emballée...
- Sibylle, tu me fais le plan genre flippant de la mort sur ton état de santé, et là j'ai l'impression que tu traites le sujet par dessus la jambe... Je ne comprends plus.
- Bah, c'est que pour trouver un tel créneau, c'est franchement pas simple !
- Ah le fameux agenda de Sibylle Langlois, juste le cran en dessous de celui de Sarkozy question disponibilité.
- T'abuses pas un peu là ?
- A peine...
- Bon c'est vrai, qu'en ce moment, avec les Américains...
- Les fameux !
- Oui, les fameux ! Non seulement le projet est difficile mais il y a des trucs que je n'arrive pas à gérer... Des trucs personnels je veux dire !
- Genre ?
- Bah c'est avec un de nos interlocuteurs côté client, ce type me fait

complètement flipper et j'ai beaucoup de mal à cacher ma nervosité lorsqu'il est présent en réunion. Bien souvent je n'arrive à la compenser que par de l'agressivité, et c'est pas bon, non, pas bon du tout. C'est le genre de type carrément impressionnant question maîtrise technique et aussi au niveau humain, il te manipule une réunion comme il veut, ça me fascine et ça m'agace au plus haut point... Et je suis peut-être parano, mais j'ai l'impression qu'il y prend plaisir...

- Pour le côté parano, je te confirme... tu es excellente dans ce domaine !
- Merci !
- En tout cas, de ce que je comprends, ce type aurait réussi à damer le pion au duo de choc Henri-Sibylle.
- Tout juste Helmut !
- Helmut ?
- C'est le nom de l'inspecteur Derrick, dans... bah euh tu sais la série... Derrick
- C'est pas plutôt Klaus ?
- Bon Paul... Helmut ou Klaus... Tu veux pas me servir un Martini là... et puis venir m'embrasser parce que tu es trop loin de moi à mon goût...

Et là, j'ai vu dans ses yeux qu'il n'a pas perdu une miette du regard que je viens de lui lancer. Je tends doucement la main pour qu'il l'attrape... Je crois qu'il ne me servira pas de Martini, et c'est tant mieux. Lorsqu'il m'allongera sur notre lit, j'espère juste que Sibylle restera à l'intérieur de Sibylle car j'ai envie d'être tout entière pour l'accueillir tout entier.

## Chapitre 5
### *Scène de famille*

Cette conversation avec Paul a eu lieu il y a maintenant trois semaines, j'ai comme convenu passé mon IRM. Le professeur Cochin m'a fait l'impression d'un homme très sérieux, un peu perdu dans ses pensées, dit autrement plutôt froid. Le genre de médecin qui vous adresse à peine la parole, vous pose le strict minimum de questions, et surtout, surtout, ne vous fait jamais part de ses observations, et encore moins de ses conclusions.

Il n'y a pas plus déstabilisant pour moi. Pour compenser, j'essayais d'interpréter le moindre froncement de sourcil, le moindre soupir, seuls prémices de communication qu'il pouvait laisser échapper. Bien évidemment, cela ne pouvait être que grave.

Ou bien alors, je me gourais complètement et il avait peut-être tout simplement passé un mauvais week-end ou il s'était embrouillé avec sa secrétaire, qui franchement de mon point de vue, avait une tête et un comportement qui auraient donné envie à sœur Emmanuelle en personne de s'embrouiller avec.

Il faudrait probablement que je me pose des questions... Je dois avoir un vrai problème avec les secrétaires médicales, sans doute un truc refoulé de l'enfance. C'est vrai qu'en y repensant, la secrétaire du cabinet d'orthodontie qui a empoisonné mon adolescence, épreuve obligée du rituel moderne de passage à l'âge adulte - limite si de nos jours un gosse est considéré comme hors normes, s'il ne porte pas avec fierté ces immondes bagues- Je me souviens à présent, elle s'appelait Adélaïde, le look très Auteuil-Neuilly-Passy, mais une vraie tête de pouf.

Pour finir, le professeur Delcourt m'a appelée sur mon portable lundi dernier, l'examen est normal, et j'ai eu le droit aux trois seuls mots que je voulais entendre : « pas de tumeur ». Néanmoins, il s'est montré très insistant sur la nécessité de faire des examens plus poussés, et il était étonné que je n'ai toujours pas pris contact avec son assistante (la pimbêche numéro un dans l'ordre d'apparition à l'écran) pour prévoir une date.
- Sibylle, ne prenez pas les choses à la légère, je vous en conjure...

Vous aviez certainement raison Professeur, et vu ce qui m'arrive ce soir, peut-être que cela aurait changé quelque chose.
Mais je me suis laissé emporter par mes contraintes professionnelles, ponctuées d'un aller retour aux Etats-Unis, Boston. Ce projet est certainement le plus difficile de ma carrière, mais également le plus passionnant, tant sur le plan technique que sur le plan humain.
A titre personnel, je suis également impliquée dans ce projet comme je ne l'ai jamais été ; je ne sais pas encore si je dois prendre cela comme une étape ou un passage obligé dans ma vie, ma vie professionnelle, ma vie de femme, mais comme tous les challenges qui se sont déjà présentés à moi dans le passé, je veux aller au bout de celui-ci.
Sans compter cette attirance très particulière que je ressens pour les projets qui se déroulent à l'étranger. Revêtir une autre langue, me coiffer d'un accent, jouer machinalement avec un tic, une expression récurrente, geste discret de séduction, comme une mèche accrochée derrière l'oreille.
Un jeu, un habit de scène dont on connaît par cœur les

imperfections, un ourlet défait, un col qui gratte, quelques couleurs criardes, une odeur familière.
Un bonheur accessible… et un voyage que l'on nomme « immobile ».
M'écouter parler une autre langue est surtout une occasion d'un rendez-vous avec moi-même, d'observer mes pensées prendre un autre trajet, attendre mes mots, les saluer lorsque sans prévenir, ils franchissent le bord de mes lèvres avec le goût savoureux de la spontanéité, et puis… entendre mes silences.
C'est finalement dans mes hésitations que je me rencontre, que je me mesure.
Je commence à me rendre compte petit à petit que cet autre moi qui m'effraie tant actuellement, est en définitive au premier rang de mes connaissances... et ce, depuis longtemps.
Une de ces personnes qui jusque là aurait juste inspiré une indifférence polie, présente devant nos yeux mais absente de nos pensées. Une personne dont on ne dit ni du mal, ni du bien.
Qui est là tout simplement, sans même que l'on se soucie de savoir si elle dérange ou non.

Cette passion pour les langues étrangères, je la partage avec Paul. C'est pour cette raison que nous avons décidé que notre baby-sitter serait espagnole, car c'est une langue que nous ne connaissions ni l'un ni l'autre, et nous voulions tous deux nous enrichir de cela, découvrir aussi une nouvelle culture.
Et franchement je ne regrette pas, car Consuelo, en plus d'être une perle à la maison, et un ange avec les enfants, est intarissable sur la description des richesses de son pays, c'est une littéraire, cela s'explique sans doute en partie.
Du coup, lorsque je ne rentre pas trop tard, et que les enfants sont en

train de manger, j'ai le droit à mon petit cours particulier sous forme de conversation autour de la préparation des repas suivants pour la semaine...

Au moins, je vais devenir imbattable sur tout le vocabulaire culinaire, et cela risque d'être bien utile si comme je l'ai prévu je prends quelques jours pour rejoindre Paul à Barcelone...

Oui, c'est ce que j'avais prévu... mais à présent...

Au cours de mon voyage aux États-Unis j'ai finalement été obligée de parler rapidement de mon état à Henri, au cours d'un dîner. J'étais d'humeur joyeuse, les réunions s'étaient pour une fois bien mieux passées, et.... Bref j'étais heureuse et je voulais que cela se voit, le champagne était obligatoire, rosé de préférence... Aux États-Unis ce genre d'excès est une pure folie, mais qu'importe !

- Et bien ! Ça fait plaisir de te voir rire et sourire comme cela, ça faisait longtemps !
- Tant que ça ?
- Oh oui... même si je devine un peu les raisons...
- Je n'ai pas envie de parler de cela, Henri...
- Je me doute bien. Ne t'inquiète pas, je ne vais pas t'ennuyer avec ça, comme je te l'ai déjà dit, cela ne me regarde pas. Mais, en revanche, mon petit doigt me dit que d'une certaine façon, cette joie soudaine est aussi un peu forcée...
- Je ne vois pas pourquoi tu dis ça...
- Sibylle ! Arrête un peu, je sais pour l'IRM !
- Quoi ?!

Je suis effrayée tout à coup.

- Mais ? Comment ?

- Tu as oublié de cocher la case « personnel » quand tu as saisi ton rendez-vous avec le professeur Cochin sur l'agenda partagé... Et il se trouve que je connais parfaitement dans quelle partie il exerce...
Tout en notant dans un coin de ma mémoire cette dernière précision et en essayant de mettre de côté le caractère inquiétant qu'elle pourrait avoir, je ne cherche plus à cacher mon désespoir...
- Oh Non ! Purée, c'est pas vrai ! Quelle idiote ! Cela veut dire que tout Priam est au courant, depuis le directeur, jusqu'à la dernière secrétaire....
- Non Sibylle, car le chevalier servant que je suis veille toujours sur toi...
-...?
- Tu as inscrit ton rendez vous très certainement le soir tard avant de partir, et comme je l'imagine, tu étais certainement seule dans les bureaux...
- Oui, oui certainement...
- Oui mais moi, tu le sais, je fais toujours l'ouverture le matin, et ma première action est de vérifier nos agendas communs, j'ai tout de suite identifié le problème... Et je te rappelle que tu m'as donné les droits d'accès sur ton agenda... alors j'ai coché la fameuse case, et je n'ai rien dit. A moins que la direction ait subitement décidé que les femmes de ménage aient accès au précieux agenda de Priam, en particulier au vu du caractère stratégique de la tâche : « ramassage des mégots de cigarettes oubliés devant les bureaux du directeur »...
-Pfff ! Très drôle !
- Bref, logiquement personne d'autre que moi n'a pu prendre connaissance de ce rendez-vous, en plus comme tu avais uniquement précisé le nom du professeur et aucunement la nature de l'examen...
- Oui, un peu d'intelligence résiduelle dans ma bêtise....

- Arrête de te flageller, veux-tu ! Donc je termine : je suis persuadé, tu m'entends, persuadé que personne n'est au courant...
- OK, je vais prier pour que tu ais raison alors....
- Sibylle !
- Oui, quoi ?
- Le fait que personne ne le sache ne te dispense pas de me donner des explications, je sais que là pour le coup je me mêle de ce qui ne me regarde pas, mais je suis mort d'inquiétude.
- Tout va bien...
- Quoi ?
-Je te le répète : TOUT VA BIEN !
- C'est bizarre, mais cette insistance marquée sur ces trois mots me laisse dubitatif.
- Alors je vais t'en dire trois autres : « pas de tumeur ».
- Mais...
- Parce que tu crois qu'il y a un mais ?
- Dans ce genre de problème de santé, il y a toujours un mais...

Une remarque de plus, à laquelle je fais mine de ne pas faire attention. Décidément, je crois que je ne suis pas la seule à faire des cachotteries.
- Le « mais », c'est que je dois passer des examens complémentaires... j'ai toujours des vertiges un peu inexpliqués, des rêves bizarres....
- Des rêves ?
- Oui, des rêves, excuse moi Henri, ne m'en demande pas plus pour l'instant... C'est un peu difficile à gérer tout ça, et là ce soir j'avais justement envie d'oublier un peu....
- OK, message reçu 5/5... Une deuxième bouteille ?
- Et comment !

Juste au moment de trinquer pour la.... euh, je ne sais plus trop pour la combientième fois... il se penche vers moi, et me murmure à l'oreille, intimité qu'il ne s'était jamais permis auparavant : « Promets-moi juste de me prévenir s'il y a des raisons de s'inquiéter... tu peux compter sur moi, tu le sais... ».
J'ai acquiescé d'un battement de cils, et j'ai aussitôt enchainé la conversation sur les détails marquants de ces deux jours de travail. On avait de quoi être fiers de nous, et c'était bon d'en parler.
Depuis l'arrière d'une de ces fausses colonnes romaines, ou grecques, enfin peu importe, qui constituait le décor faussement baroque de cet hôtel, je me disais que je n'avais pas trop mal géré la situation, et qu'il allait être temps de mettre ma main droite à l'épreuve... Dès que le maître d'hôtel ne serait plus dans mon champ de vision.

C'était avant-hier.

Nous sommes rentrés de Boston le lendemain matin, juste le temps de récupérer deux ou trois dossiers aux bureaux de Priam pour le week-end, et je suis rentrée à la maison. Les enfants se sont jetés dans mes bras à mon arrivée, me renversant limite par terre... Les « Maman, Maman !! » et les questions « Est-ce que tu nous as ramené quelque chose, et tu devineras jamais ce qu'on a fait avec Consuelo et Papa est déjà là aussi, et, et.... ».
Tout se mélangeait dans une joyeuse confusion et je ne savais plus si j'allais mourir étouffée ou sourde... sourde d'amour.

C'est mon dernier souvenir à l'intérieur de moi. C'était il y a cinq heures.

Il est plus de 22h, je ne suis jamais restée aussi longtemps à l'extérieur de moi.
Au début, je ne cache pas que je me suis régalée de ce décalage. C'est vrai, il m'est souvent arrivé auparavant, avant tout cela, de me forcer à me détacher de moi en pensée, de nous regarder jouer, chahuter par terre, pour avoir l'impression de caresser ce bonheur palpable, comme s'il devenait matériel. Étoffe soyeuse juste effleurée, et puis froncer ses replis et s'y noyer, profondément.
Oui, avant tout cela, je me forçais à nous observer.
Mais lorsque j'y parvenais enfin, il devenait impossible de profiter simultanément des sensations provoquées par le bonheur physique. Alors que là… en plein « décalage »… j'avais tout à la fois.
Je me regardais, comme si je voyais le film de ma vie devant les yeux, étalé sur grand écran, son *dolby suround*, THX... j'en avais plein la vue et les oreilles.
Et je ressentais dans le creux de mon ventre toutes les explosions provoquées par les émotions, tous les coups de pieds de mes fils, toutes les caresses de ma fille, la chaleur des paumes de mon mari.
Un festival pour les cinq sens en même temps, et aussi pour les cinq ou six autres que l'on doit obligatoirement posséder, sinon je n'y connais plus rien.

Puis vient le moment du repas et les larmes me montent aux yeux en observant mes enfants à travers la vitre... Un ralenti au son étouffé, les images qui défilent et une vue imprenable sur les regards complices que nous échangeons avec Paul, lorsque l'un des enfants nous « scotche » avec un progrès tout frais, un mot juste qui tombe à la fin d'une conversation.
Je sais ce qu'il y a dans ce regard... « Tu te rends compte que c'est

nous qui avons fait ça ! »
Oh oui, je m'en rends compte !

Tiens, mais qu'est ce qu'il est en train de faire là mon aîné ??
Il cache de la nourriture dans les replis de son tee-shirt, pourtant il y a du poulet, il adore ça d'ordinaire... Qu'est ce qu'il trafique...
Et puis à la fin du repas, je comprends.
Je l'entends bredouiller quelques mots à propos de sa serviette mal pliée, et s'arranger pour retourner seul dans la cuisine, ouvrir la baie vitrée qui donne sur le jardin, jeter un œil à droite et à gauche, puis sortir une gamelle en plastique de derrière les bambous qui bordent la façade de ce côté de la maison.
Cachée à l'angle opposé, je le regarde faire : il verse le fruit de son butin dans la gamelle, et je vois un chat absolument hideux et famélique sortir de dessous la haie et se jeter sur l'assiette providentielle pendant que mon fils lui prodigue des caresses en lui murmurant des paroles trop mignonnes... Mon bout'chou à moi !
Visiblement le rituel à l'air d'être établi depuis un moment, si j'en juge la rapidité avec laquelle le chat a surgi, et la propreté douteuse de la gamelle, qui c'est sûr, n'en n'est pas à sa première utilisation.
Dire qu'il nous tanne depuis les vacances dernières pour avoir un animal, et que ses indignes parents lui répondent invariablement « on verra » en espérant que cette envie lui passe peu à peu. C'est fou comme on peut passer à côté de choses évidentes, qui sont là sous nos yeux.

Je me fais la promesse de remettre cette histoire sur le tapis dès que...
Dès que je serai... j'étouffe un sanglot en me mordant le poing.
Dès que je serai rentrée à l'intérieur de moi... Merde !!!

Cinq fois.
J'ai essayé cinq fois de frapper du plat de la main droite contre un mur, contre les montants de la véranda.... Au début, j'ai mis cela sur le compte du décalage horaire, je me suis dit que j'étais trop fatiguée pour me concentrer et me forcer à réintégrer mon corps.
Ensuite j'ai commencé à ressentir de la rage, de la jalousie envers cette autre Sibylle qui était là, et qui allait certainement se taper MON mari sans que je ne puisse rien y faire.
Je ne savais plus ce que je disais, cette autre Sibylle c'est moi, c'est moi... Je suis jalouse de moi !! Cette autre dans le salon, c'est moi. L'autre c'est moi.
Et c'est peut-être moi, l'imposteur, peut-être même qu'elle m'a aperçue tout à l'heure, juste avant que je plonge à plat ventre derrière le photinia alors que je m'étais trop approchée de la fenêtre de la cuisine, et que j'ai craint que Sibylle ne me voit en ouvrant le placard au dessus du four. Peut-être que là elle n'attend qu'une chose, que je disparaisse, comme une hallucination dont elle doit bien souffrir comme moi, puisque c'est moi...

Oui, oui, je sais, ça devient un poil compliqué.
Et là appuyée contre le mur de notre terrasse, laissant fondre sur moi les derniers rayons de soleil de ce soir de juin, je laisse rouler sur mes joues deux larmes d'impuissance.
Je sais à présent que je n'arriverai pas à réintégrer mon corps, je sais que cela risquait d'arriver, je le sais depuis ma consultation avec le professeur Delcourt.
Même s'il ne m'avait pas véritablement parlé de cette possibilité, j'ignore pourquoi je me suis mise à l'envisager moi même... C'est une hypothèse que mon inconscient avait déjà formulé et que jusqu'à ce

soir j'avais refusé d'écouter.

Je laisse rouler mes larmes, j'en prends une pour l'écraser dans mes doigts et je regarde l'eau briller dans le soleil rasant... je ne suis pourtant pas folle.
Et je veux sentir le léger tiraillement de ma peau, lorsqu'elles sécheront, je veux me persuader que ce que je vis est vrai, que j'existe. Très lentement je me retourne pour appuyer ma joue contre le crépi rêche, écarter mes doigts dans les fissures sèches, gratter un peu de poussière du bout des ongles. Juste le temps de mesurer le temps, de regarder encore une seconde le destin qui hésite. Prendre une dernière fois appui contre ma maison, la tenir, la repousser, partir.
Et quitter l'autre...

Je me rends à l'évidence : je ne peux pas rester ici, je ne peux pas prendre le risque qu'un voisin me voie, ou pire, Paul, quand il va sortir les poubelles d'une minute à l'autre.
Je fouille dans mes poches, j'ai soixante euros et trente dollars US... Ni téléphone portable, ni clés de voiture. Mais c'est déjà ça. J'ai déjà remarqué que bizarrement tous les objets électroniques ne « passaient » pas lors de mes phases de décalage.
Heureusement pour moi, j'ai également gardé le petit gilet de coton que j'avais noué autour de ma taille, et que j'avais gardé en rentrant à la maison. Je n'aurai pas trop froid cette nuit.
Je ne sais pas encore ce que je vais faire, mais je sors le plus discrètement possible du jardin. Direction station RER du Vésinet.

## Chapitre 6
*Ne pas être étonnée*

Agissant comme un automate, je bloque toute action de mon cerveau qui pourrait ressembler de près ou de loin à une quelconque réflexion, remise en question, ou quoi que ce soit du même genre... je monte les escaliers qui mènent à la station de RER.
Et là, en moins de deux minutes, toutes mes bonnes résolutions de zénitude tombent à l'eau. Mais comment j'ai pu être aussi conne...?! Bien évidemment à 22h et quelques, les guichets sont fermés, je n'ai pas de carte bleue, et avec mes billets je peux toujours me gratter.
Bien sûr à cette heure ci pas un troquet d'ouvert autour de la station, on sait jamais, ça aurait pu être utile pour faire de la monnaie... purée ! Bienvenue dans la banlieue chic !
Bon, je ne vais pas prendre un taxi, je n'ai pas encore poussé la réflexion plus loin pour savoir comment récupérer un peu plus d'argent, je persiste à me complaire encore un peu dans le déni vis à vis de ma situation... et à croire bêtement qu'une fois la nuit passée tout sera rentré dans l'ordre. Et j'essaye de persuader l'autre rabat-joie qui me sert de conscience de se taire, en lui disant que je ne l'ai pas sonnée que je sache, et que j'aimerais bien rêver et céder au désespoir tranquille... Merci ! Bref, le plan taxi, j'oublie : économies obligent. Et d'ailleurs pour poursuivre dans le côté « je-préserve-mon-fric », je ne fais ni une, ni deux et je saute les portillons.
Comme quoi, je ne suis pas trop rouillée depuis mes années lycée, où je ne cache pas avoir eu deux ou trois fois recours à la fraude. Bon c'est vrai, un peu plus...

Mue par un réflexe psycho-morphologique qui doit affecter tous les banlieusards, je me mets à courir au son qui annonce la fermeture des portes, et je saute prestement dans le dernier wagon, avec le sourire satisfait de la fille qui vient d'arriver première à l'épreuve du 400 m. Je me laisse tomber sur la première banquette avec un ouf de soulagement, allez... Il n'y a pas de petites victoires, je viens de m'épargner trente minutes d'attente glauque dans une station qui ne l'est pas moins, même au Vésinet !

J'ai à peu près une demi-heure devant moi avant d'arriver au centre de Paris, où je descendrai, avec un but pas vraiment déterminé pour l'instant... Et d'un commun accord avec moi même, je m'autorise ce laps de temps pour faire sauter les digues qui retenaient encore ces vagues de tristesse... et je me laisse pleurer en retenant du mieux que je peux les sanglots lorsque les douleurs qui me prennent au ventre deviennent insoutenables.

Je profite du soulagement physique, uniquement physique ressenti à mesure que l'eau coule doucement mais sans discontinuer sur mes joues, je ne m'essuie pas, je m'en fous... et puis j'ai pas de mouchoir... Et merde !

Le souci quand on pleure, c'est que l'eau ne sort pas uniquement des yeux, immanquablement votre nez décide lui aussi de se transformer en fontaine, sauf que tout de suite c'est beaucoup moins classe. Il prend une couleur vermillon, en général donne l'impression de tripler de volume, et sans vouloir donner trop de détails déplaisants... ce qui en sort c'est tout sauf de l'eau.

Alors en soupirant je détache mon gilet noué autour de ma taille, et le plus discrètement possible, on a sa fierté tout de même, même devant le public relativement restreint d'un wagon de RER à plus de 22h, je

tire une des manches pour m'essuyer du mieux que je peux.
Lorsque je relève la tête, en essayant d'effacer de mon visage toute trace de honte, je croise les yeux d'une femme que je n'avais par remarquée. Elle a dû monter une ou deux stations après moi. Plutôt forte, Martiniquaise ou Guadeloupéenne, bien apprêtée et maquillée, son sac à main sur les genoux... Je me trompe peut-être, mais elle donne tout à fait l'impression de se rendre à son boulot, infirmière ou femme de ménage.
Pourquoi pas à Priam d'ailleurs, vu l'insistance avec laquelle elle me regarde, cela ne m'étonnerait qu'à moitié... J'entends encore Paul, mon Paul, me reprocher ma paranoïa maladive, mais cette femme me fixe vraiment beaucoup. Elle me connait. Elle m'a déjà vue. Je l'ai déjà vue. Va-t-elle se lever, se rapprocher de moi, tenter de me consoler ? Ca me fait peur. J'ai envie de me recroqueviller sur moi, je ne veux pas que l'on me reconnaisse, pas ce soir, pas maintenant. Cette femme... je l'ai peut-être déjà ignorée, un soir, dans mon bureau. Le nez dans mes documents, ses mains sur ma corbeille à papier, et un bonsoir murmuré sans y penser.

Pour la deuxième fois de la soirée, je me fais le serment de porter un regard un peu plus attentionné sur le monde qui m'entoure, et en particulier sur les gens qui composent mon univers... Si seulement je prenais un peu plus le temps de lever les yeux de mes dossiers, un peu plus de recul... Les mots de Henri, mon Henri, résonnent encore dans ma tête.
A tout hasard, au travers du rideau de mes larmes, j'adresse un signe de tête à cette femme, qui y répond aussitôt, plaçant dans son regard une dose de compréhension et d'apaisement qui me vont droit au cœur mais qui en même temps me paraissent presque déplacés... Je

ne sais pas pourquoi, mais je déteste quand mon entourage semble me comprendre mieux que moi même, j'ai encore plus que tout l'impression de passer à côté de moi et de ma vie et ça m'agace, avant de me faire réagir.
Cette femme me connait-elle vraiment ?
Ou bien connait-elle tout simplement la tristesse et le désespoir, et par son regard me fait comprendre que je viens d'entrer dans une communauté dont les membres sont nombreux mais se reconnaissent d'un seul geste entendu.
Gênée, je détourne les yeux, et fixe mon reflet dans la vitre avec toute l'attention nécessaire à ma fuite. Lorsque je reprends courage pour jeter un œil dans sa direction, elle a disparue.
Je n'arrive plus à savoir si entre temps le RER s'est effectivement arrêté à une station ou non, mais j'écarte le plus vite que je peux la moindre supposition incongrue, genre surnaturelle je veux dire... qui pourrait avoir l'audace de me venir à l'esprit, parce que question surnaturel, j'ai vraiment l'impression d'avoir mon compte, et plus que jamais depuis les six dernières heures.

OK, je fini par céder aux injonctions de mon cerveau qui trépigne d'impatience de déverser son flot de questions, suppositions, et autres hypothèses tordues. Tant qu'à faire dans le surnaturel ou le bizarre, je repense à ce film avec Arnold Schwarzeneger, un navet américain quelconque où le héros avait été cloné à son insu. Oui je sais, non seulement le film était pathétique, mais en plus c'est à se rouler par terre d'imaginer qu'il me soit arrivé la même chose.
N'empêche ! La scène où le père de famille, serrant les poings, regarde sa progéniture et un autre mec en train de tenir sa femme dans ses bras avec un regard qui en dit long, et bien... Je viens de la

vivre il y a à peine deux heures. C'est sans aucun doute idiot, mais cela pousse à la réflexion. De ce que je me souviens, dans ce film on identifiait les clones des originaux grâce à un point blanc sous la paupière, et autant de points blancs que de nombre de fois où la personne avait été clonée. Alors tout de même pour être bien sûre, je triture et tiraille mes paupières à la recherche d'une poussière imaginaire mais surtout pour m'assurer de l'absence de tout indice suspect, et avec uniquement mon pâle reflet dans la vitre, ce n'est pas évident... Une chance... le train vient d'entrer dans un tunnel... ça renforce les contrastes.

Je frotte mes yeux rougis. Penchée en avant, je passe mes deux mains en même temps dans mes cheveux, et je tiens ma tête un instant. Je cherche un moyen de me ressaisir. Je prends une grande inspiration et j'écarte l'hypothèse du clonage. Il est temps de passer à la suivante. Peut-être la plus sérieuse d'ailleurs. Je suis morte.

Je suis un fantôme... et je pense que c'est tout sauf stupide.

Du coup, je ne vois pas pourquoi j'ai pris le risque de me casser un talon en sautant par dessus les portillons au Vésinet, j'aurais pu tout aussi bien passer au travers... en procédant comme un spectre standard dans toute sa banalité.

Cela aurait été nettement plus pratique.

Cela dit, cela n'explique pas non plus pourquoi j'étais dans ma cuisine tout à l'heure en train de sortir un poulet rôti du four, ni pourquoi mon reflet dans la vitre du wagon m'accompagne encore, et ne se décide pas à me lâcher.

Mais franchement pourquoi pas ? Et lorsque j'observe le regard parfaitement vide et absent de mes cinq ou six compagnons de voyage, j'ai finalement le sentiment de ne pas être la seule à être

passée dans l'autre monde. Je remarque à présent sans difficulté l'évidence de leurs visages fades et plats. Pourquoi me semblent-ils si laids tout à coup ? Et pourquoi ai-je besoin de ressentir quelque chose en les observant ? Moi qui me serait pour ce soir contentée d'une confortable indifférence. Cela aurait été nettement plus pratique.
Station Auber...
C'est là que je voulais descendre. J'attends quand même que les portes s'ouvrent... oui, il y a quand même quelques témoins, si jamais mon hypothèse concernant mon éventuelle structure ectoplasmique s'avère être du pipi de chat.... Je n'ai pas envie de gagner le premier prix du gag ridicule. Je note que cela serait peut-être une occasion de faire se marrer Casper et ses copains qui m'accompagnent dans le wagon.
Mais par contre juste avant la sortie, je jette un œil à droite et à gauche, avant de m'avancer l'air de rien, mais néanmoins convaincue à travers les portillons.

Ouch !
Ça c'est le cri que je viens de pousser, lorsque je me suis emplafonnée franco la barre du portillon dans le ventre. Très bien. Si je suis passée dans la catégorie fantôme, je n'ai malheureusement pas eu droit à toutes les options, et en tout cas pas à celle qui permet de se dématérialiser-rematérialiser à travers une paroi ou tout autre type d'obstacle. Je sors de la station en jetant un dernier regard au portillon, comme si j'avais envie de lui dire un truc du genre...: « Toi mon gaillard, tu ne perds rien pour attendre ! ».

Boulevard Haussmann

Le Printemps, les Galeries Lafayette... Dans mon dos, l'Opéra... Devant moi la gare Saint-Lazare. Je suis sortie ici par réflexe, plus que par une quelconque action réfléchie. C'est le quartier de mon enfance, dans dix minutes je vais passer à côté de mon lycée. Je marche sans réfléchir, il est tard, mais pas trop, il y a encore beaucoup d'animation, les cafés, les bars à huitres devant la gare Saint-Lazare sont ouverts, j'avance un peu au hasard.

Devant la gare, un clochard étendu sur sa couverture me salue en me tendant sa casquette, par automatisme je passe devant lui, lui adressant tout juste un signe de tête poli. Il ne doit pas avoir encore eu son comptant de mauvais vin, car très distinctement il me lance :

« Eh là, la miss ! C'est pas parce que t'as un beau cul que ça te dispense de me donner un sourire ! ».

Je m'arrête net. C'est pas vraiment la gentille vulgarité de ses propos... Non c'est plutôt que...

Je fais demi-tour, plus les trois pas qui m'amènent à sa hauteur, et sans trop réfléchir aux conséquences, je lui réponds :

- Euh... Excusez-moi, mais vous avez dit quoi exactement à propos de mon cul ?

- Ah mais c'est qu'elle aime les compliments la garce ! J'ai dit qu't'avais un beau cul, et que si t'avais un sourire pour aller avec, ça serait presque mieux que d'la thune, pour une pauv'loque comme moi...!

- Pour le sourire, en voilà déjà un... Et sinon, excusez par avance la question que je vais poser... mais vous me voyez vraiment bien là ?

- Euh... Ecoute la miss, c'est à un clodo qu'tu parles, alors, les manières et les mots d'la haute... t'évite parce que j'entrave que dalle à c'que tu m'racontes !

- Oui OK, vous avez raison… Bon juste une chose…
J'ignore ce qui me prend.... Mais je veux en avoir le cœur net, et puis vu ma situation... je ne vois plus vraiment ce que je pourrais craindre. Alors je m'accroupis à la hauteur du vieil homme, qui n'a pas l'air ni si méchant, ni si vulgaire que ça.
- Si je vous laisse me toucher le visage, la joue... avec votre main..., je suppose que ça vous fera plaisir... et est ce que vous pourrez me jurer que vous m'avez bien sentie, et que vous me voyez bien....
- T'as p'tet un beau cul et une belle gueule, mais t'es complètement jetée toi ! Et moi je veux pas d'histoires...
- Y'en aura pas... Alors ?
- Allez approche toi la p'tite, ce soir, c'est Noël pour moi, et j'ai l'impression qu'toi aussi t'aurais bien besoin d'un cadeau...!
Je m'approche, et je prends sa main, pour la passer doucement sur ma joue. Il pue la vinasse, c'est une horreur, mais franchement tout de suite, je m'en fous complètement.
- J'confirme la miss. J'te vois de mes yeux et de mes pognes, y a pas à dire... t'es bien gaulée et si t'as d'autres besoins...

Euh... Je me relève vite fait... C'est bon là, on va peut-être pas faire sortir le lion de sa cage trop longtemps...
- Merci beaucoup... j'ai eu ce que je voulais, je vous laisse, et bonne nuit... Et je me sauve en courant.
- Bonne nuit la miss !...
Bonne nuit. Minuit...
Question : est-ce que je continue de marcher toute la nuit, à m'amuser à émoustiller tous les clodos de Paris, ou bien est-ce que je cherche un endroit pour dormir ? La première option me tente bien, enfin sans l'option émoustillage de clodo... quand même.

Mais un léger vertige vient de me rappeler que j'ai tout de même 10 heures d'avion dans les pattes, 7 heures de décalage horaire et tout au plus 15 heures de sommeil cumulées depuis le début de la semaine...
Étant donné qu'il vient de m'être confirmé que je ne suis pas encore un fantôme, j'ai besoin de m'écrouler sur un lit comme n'importe quel être humain vivant digne de ce nom.

Au moment où je suis en train d'établir cette conclusion pleine de bon sens, j'aperçois de l'autre côté de la rue, le clignotement d'une enseigne d'hôtel. Je ne suis pas loin de la place Clichy, et malgré les soi-disant deux étoiles affichées sur la plaque extérieure de ce... enfin de cet hôtel, je devine déjà que mon petit guide du routard perso lui en donnerait à peine une.

Mais bon, la nuit est donnée pour 20 € pour une chambre avec douche et toilettes sur le palier mais petit déjeuner compris... le grand luxe !
Je me dis que je vais passer sur le hall d'entrée qui sent la pisse de chat, et essayer d'éviter de m'appuyer sur le comptoir, car je suis persuadée que je vais y laisser la manche de mon gilet, vu les reflets poisseux que je n'ai pas manqué d'observer en entrant.
Ce qui me permet d'oublier ces détails glauques, c'est qu'il m'a semblé entendre Nicole Croisille chanter « J'aurais voulu être un artiste » au moment où j'ai passé la porte. J'adore cette chanson. Elle me donne le frisson, et les mots « pour pouvoir inventer ma vie... » semblaient tomber à pic.
J'ai attendu un bon moment que le concierge (je ne vais pas appeler ça un maître d'hôtel, faut quand même pas exagérer) arrive. Le temps qu'il se décide à conclure que oui, il lui restait une chambre, et qu'il

arrive à écrire mon nom sur le registre et me trouver les clés, j'ai eu le temps de m'habituer aux bruits de l'hôtel, et de réaliser que ce n'était pas un disque que j'avais entendu en entrant, mais la télé.
J'ai tout bonnement reconnu la voix de Jean-Paul Belmondo à travers la porte de la loge.

- Excusez-moi, mais, vous n'êtes pas en train de regarder « Itinéraire d'un enfant gâté » ?
- Ah si ! Vous connaissez ? Ils le repassent ce soir... sur la trois, ou sur le câble je sais plus...
- Euh, je me permets d'abuser... mais, je crois savoir où en est le film, et... comment dire, j'adore la scène qui va suivre... Vous m'en voudriez si... ça ne prendra qu'une minute.
- Ah Bah euh... Non... si c'est juste pour une minute, passez derrière le comptoir... faites pas attention au désordre. Vous savez ce que c'est...
- Oui, oui.
En définitive, j'écoute à peine ce qu'il me raconte, et je m'approche du poste de télévision. Pour voir la scène mythique du film, où Jean-Paul Belmondo est en train de donner une leçon de comportement, style cours sur le développement personnel à Richard Anconina, parfait dans le rôle du jeune benêt.
Je regarde toute la scène avec délice.

Mais les seuls mots qui résonnent dans ma tête au moment où je m'assois sur mon lit en m'enfonçant d'au moins deux mètres.... :
« Quoi que je dise, quoi que tu entendes, tu ne devras jamais avoir l'air étonné... ».

## Chapitre 7
*Saint-Germain-des-Prés*

6h00 du matin.
Couchée sur le dos, les bras le long du corps, mes deux yeux s'ouvrent d'un seul coup dans un synchronisme parfait. Mon bras droit s'écarte par réflexe de mon corps, à la recherche de la chaleur et du contact de celui qui devrait être étendu tout près de moi, et... rien, ma main tombe dans le vide en s'agitant lamentablement.

Je me redresse une demie seconde, avant de me relaisser retomber sur l'oreiller. Tout vient de me revenir d'un seul coup, me donnant au passage un sérieux coup de bambou derrière la tête : la soirée, le chat, mes coups frénétiques contre le mur de la maison, la fuite, le RER, la femme de ménage martiniquaise, le clochard, Nicole Croisille et Richard Anconina.
Non, Paul n'est pas là.

Je suis dans un lit une place, avec des draps rêches qui sentent le vinaigre, et vu la profondeur à laquelle je suis enfoncée je sais qu'il va me falloir au moins quinze bonnes minutes pour m'extirper de ce matelas.
Bon, vingt minutes.... J'avais oublié de prendre en compte les terribles douleurs dans mes reins, mes omoplates, ah et puis aussi dans le cou, provoquées par quelques heures de sommeil sur un lit complètement défoncé. Finalement, je confirme ma note de une étoile grand maximum pour cet établissement, parisien certes, mais

surtout superbement infâme.

Un rapide coup d'œil dans le miroir en face du lit confirme à mes yeux ce que j'imaginais sur l'état de ma trombine. On a beau vanter toutes les qualités du mascara waterproof, il y en a relativement peu qui résistent à plusieurs heures de pleurnicherie. Et bien, si c'est dans cet état que m'a accueillie Monsieur le maître d'hôtel, je veux bien croire qu'il n'y a pas uniquement le désordre qui régnait derrière son comptoir qui l'empêchait de me donner une clé, mais certainement aussi le côté improbable et passablement effrayant de mon visage.
Vu le public qui doit fréquenter ce type d'hôtel, il n'avait certainement pas envie d'héberger encore une de ces junkies hystériques. Et du coup, je suis presque étonnée de ne pas avoir signé un genre de décharge certifiant que j'irai me taper tranquillement mon overdose à l'extérieur de l'établissement.
Ce constat édifiant fait sur mon état, et aussi sur mon odeur par la même occasion, une seule conclusion s'impose : une bonne douche.
Ah oui, mais... pfff, j'avais oublié que le concept de ce bed and breakfast hype, était de sortir dans le couloir, et de tester le charme incomparable des douches communes... Super! Allez, je suis bien partie pour commencer à m'habituer aux conditions de vie un poil difficiles, et puis il y a pire comme challenge, alors j'attrape une serviette qui tient plus du torchon à vaisselle que du drap de bain, laissée à l'attention des hôtes sur le bord de la commode, et je sors dans le couloir direction la « salle de bain », comme l'indique la plaque juste en face de ma porte de chambre.
Après au moins dix bonnes minutes de recherche minutieuse pour dénicher l'interrupteur de la salle de bain, je soupire de soulagement en constatant qu'il n'y a ni flaques d'eau sur le sol, ni buée sur le

miroir. C'est un bon signe, cela veut certainement dire que je suis la première à utiliser cette pièce... Bon signe, mais pas forcément un critère de propreté si le nettoyage n'est pas fait tous les jours, comme me l'indique le détecteur de crasse que possède chaque fille dans ses yeux et dans ses narines.
Allez, courage ma grande !

Le bruit de succion que produit l'espèce de tapis en caoutchouc qu'ils ont mis dans le fond du bac de douche me provoque un haut-le-cœur, mais je persiste, en tentant de battre le record du monde de tenue en équilibre sur un seul orteil, et aussi de gagner le concours de contorsionnisme pour éviter qu'aucune partie de mon corps n'entre en contact ni avec les parois, ni avec la porte de la cabine de douche.
Une fois savonnée et rincée, je saute prestement en dehors de cet espace nauséabond, et je m'accorde à l'unanimité mon diplôme d'entrée dans la troupe d'Annie Fratellini. Dans le même temps, j'en profite pour rétrograder l'hôtel en hors classe, sans aucune étoile. A mon avis, si une seule chambre de ce bouge a dû autrefois mériter les deux étoiles, c'est à coup sûr la suite présidentielle, et manque de pot pour moi hier soir, forcément, elle était occupée.
A peine séchée, je savais bien qu'il ne fallait pas trop compter sur les qualités absorbantes de la serviette de bain, j'enfile mes vêtements de la veille et je retourne dans ma chambre pour vérifier que je n'oublie rien.

6h35.

Direction la salle de petit déjeuner... enfin, le coin à côté de l'escalier où ont été installées trois pauvres tables en formica (chaises assorties tout de même, on note tout de suite la recherche d'harmonie décorative...), et je commande un thé pour accompagner mon croissant et mes deux tartines grillées.

Lorsque je m'apprête à sortir, le « patron » me demande s'il me garde la chambre pour ce soir... Non mais franchement, il m'a bien regardée ce type ? Mais, à la réflexion, constatant que son regard affiche tout sauf de la stupidité, je me dis, que oui, justement, il m'a très bien regardée, et qu'en habitué d'hébergement de gens à la dérive, il sait parfaitement que sa demande est pertinente et appropriée.

Alors dans un soupir, je lui confirme qu'il y a de fortes chances que je revienne ce soir, il m'assure alors que le lit sera fait et qu'il garde la clé de côté. En sortant et en resserrant mon gilet autour de ma taille, je me dis qu'on peut avoir le cheveu gras et être fin psychologue finalement.

Je suis dans la rue et sans faire d'effort je me laisse prendre par la magie provoquée par une ville comme Paris en train de... de s'éveiller. Je réalise aussitôt le côté risible de ce qui me vient à l'esprit. Dès l'instant où je vais citer le titre de cette chanson, le fameux cliché à deux balles. Mais qu'importe, j'entends aussi les mots de Lino Ventura lorsqu'il s'adresse avec tant de conviction à ses compagnons, sur le voilier, dans « L'aventure c'est l'aventure » : « Paris, Paris, Paris, Paris !! ». Oui, j'aime ma ville ! Ce n'est quand même pas une tare ! Et je suis sensible aux images qui y sont associées, fussent-elles d'Epinal. Alors un air d'accordéon, les amoureux qui s'embrassent dans la rue... Et puis vous me mettrez aussi une baguette de pain, oui pas trop cuite. Et là, juste là... la fille hypra maquillée que je viens de croiser, et bien, m'est avis que c'est juste tout sauf une fille... comme dans la chanson.

Ce matin, finis les pas au hasard, je sais parfaitement où je veux me rendre... Ce n'est pas que j'espère y trouver des réponses, mais a minima l'apaisement nécessaire pour prendre une décision concernant la suite des événements. Je sais que je suis petit à petit en train de laisser le déni derrière moi et d'admettre que, ni ce matin, ni demain matin, ni aucun autre, les choses ne rentreront dans l'ordre. En chemin, je consens à sacrifier cinq euros pour m'acheter un paquet de Marlboro light, prise de décision ne voulant pas forcément dire bonne résolution.

Je sors du métro à Solferino, suffisamment loin pour avoir l'occasion de descendre à pied le boulevard Saint-Germain en totalité, pas question que je me refuse ce petit plaisir. Direction église de Saint-Germain-des-Prés.

J'arrive deux heures en avance avant le début de l'office du matin, c'est parfait. Un signe de croix, les yeux baissés je remonte la nef, et je m'assois sur une chaise de la première rangée. Au bout de quelques minutes, j'arrive à trouver le courage de lever les yeux vers l'autel, et d'adresser un regard plein de tendresse vers la beauté silencieuse et sombre de cette petite église. Tendresse n'est certes pas le qualificatif approprié pour exprimer la nature de sa foi, mais je n'arrive pas à trouver d'autre mot pour définir cette impression de protection et de respect qui définit mon rapport avec la religion.

Respect, et déférence envers ce qui existe depuis des milliers d'années, ce que les hommes ont eu besoin de créer pour combler le vide qu'ils devaient ressentir face à l'absence de réponses aux questions. La première d'entre elles étant à mon avis : pourquoi ? Et vu ma situation actuelle, je dois dire que c'est tout à fait le genre de question dont la réponse m'intéresserait au plus haut point.

J'entends quelques mots dans ma tête, ils s'égrainent comme à rebours : religion, union, contradictions, communion, fraternité... Tout comme cette prière qui m'échappe parfois : enfantine, futile, pudique. Celle de la naissance d'un respect universel, des mains qui se joindraient comprenant qu'aucun autre choix n'est possible. L'ambiance du lieu doit pousser aux réflexions philosophiques à bas prix. Je me renfrogne, coupable de mes croyances. Je n'ose dire espérances, la peur de prononcer une grossièreté, sans doute. Perdue dans mes pensées, je n'ai pas vu que l'église, malgré l'heure matinale, s'est peu à peu remplie, et les premières notes entamées par l'orgue pour le chant d'entrée me ramènent au temps présent.

Je me laisse bercer par le rituel de l'office, me levant et m'asseyant avec l'assemblée, récitant avec application les répons et le Notre Père en espérant y trouver l'apaisement recherché. Comme un fait exprès, j'entends dans le prêche les mots : « choix de vie », « assumer », « regard de Dieu »...

Est-ce cela que je voulais entendre ? Plus le temps défile depuis ma folle soirée d'hier et plus je suis persuadée que le mot « choix » est posé en travers de mon chemin. A nouveau absente, je me réfugie dans un creux intérieur, laissant la messe se terminer, et ne m'apercevant même pas que les membres de la paroisse ont été remplacés par des touristes allemands en sandales à scratch ou japonais bardés d'appareils photos.

Malgré tous mes efforts de concentration, je me doute bien que ce n'est pas une simple messe qui va me faire oublier que je suis en train

de fuir ma vie, et que d'une manière ou d'une autre j'y ai perdu ma place, et que je ne la retrouverai pas. Même si mes expériences palpables de la nuit dernière ont confirmé les limites extérieures de ma personne. La question sous-jacente, si je puis me permettre, reste néanmoins l'utilité de cette existence rondement démontrée. Une fois ce résultat obtenu, que me reste-t-il donc à faire pour avancer ? Quelles équations, quels systèmes me reste-t-il encore à poser pour mettre en évidence une réponse acceptable, ou a minima exploitable ?
Et puis... plus trivialement, vais-je vraiment arriver à me faire à l'idée de ne plus pouvoir respirer l'odeur des cheveux de mes enfants... Enfin moi, je veux dire, pas « l'autre », enfin si... Et à nouveau je laisse les larmes rouler sur mes joues, saluant avec soulagement leur arrivée, car quand on a trop pleuré et qu'il n'y a plus de larmes, ça fait trop mal.

- Mademoiselle ?
-...
- Mademoiselle ?
Reniflement... Zut ! Le curé. Prestement, j'attrape une manche de mon fameux gilet... qui à ce rythme, va être dans un état pitoyable à la fin de la journée. J'essuie superficiellement mes joues et surtout mon nez, et je me relève en rattrapant de justesse ma chaise avant qu'elle ne heurte le sol dans un bruit qui m'aurait fait mourir de honte.
- Euh... (superbe entrée en matière, bravo Sibylle !) Mon Père ?
- Excusez-moi, mais je vous ai observé depuis ce matin, cela fait plus de quatre heures que vous êtes là devant le Seigneur...
- Oui, enfin devant l'autel surtout...
- Vous pleurez, vous avez l'air en proie à toutes sortes de tourments,

je ne peux m'empêcher de penser que je peux, ou que je dois vous venir en aide...
Confirmé : c'est un vrai curé !
- Veuillez m'excuser mon père, ce n'est peut-être pas le lieu approprié pour faire étalage de sa tristesse, si j'ai gêné l'office, ou les membres de votre paroisse... j'en suis navrée, et...
- Comment pouvez-vous dire cela ? En bonne chrétienne vous devez immanquablement savoir que les portes d'une église sont toujours ouvertes. Mais laissez peut-être votre fierté de côté, et acceptez mon aide. Je crois bien que vous en avez besoin.
Euh... il ne me semble pas avoir fait le numéro de SOS détresse amitié là...
- Je ne crois pas mon Père, je ne crois pas.
- Ma fille, je ne parle pas forcément de religion.
Ah oui, et de quoi ça parle un curé, normalement ?
- Pardonnez-moi, mais je ne comprends pas.
- Je vous parle de votre place.
- Ma place ?...
Bêtement je lance un regard à la chaise dont je tiens encore le dossier dans les mains.
- Non ma fille, pas celle-là.
Forcément, je me sens très très stupide. Je baisse les yeux
- Je vous parle de votre place dans cette vie.
- Cette vie ?
- Oui, la vie qui vous est offerte.
Mais.... comment ?.... Est-ce que ce qui m'arrive est marqué sur mon front, ou j'ai loupé un truc en me regardant dans la glace ce matin ?

- Sachez que chaque être ou personne qui compose ce que l'on

appelle l'humanité possède une place dans ce monde. Une place qui permet de contribuer d'une manière ou d'une autre à un accomplissement qui certainement vous dépasse.
Comprends rien...
- Pour être plus clair, vous devez profiter de l'opportunité qui vous est offerte pour faire ce choix que vous avez toujours ignoré, mais qui est présent au fond de vous-même... La vie vous a certainement permis d'être une épouse et une mère accomplie... Ne prenez pas cet air étonné, cela ce voit sur votre front.
Ah je savais bien !

- Mais à présent, vous devez écouter ce que vous dit vraiment votre cœur. Soyez persuadée que vos enfants sont en de bonnes mains, qu'ils grandiront sereinement. Et que vous devez réellement songer au rôle qui vous a toujours été dévolu, et que vous n'auriez pas pu accomplir si certains évènements récents ne s'étaient pas produits.
- Évènements récents ? Que voulez-vous dire mon Père ?
- Regardez véritablement à l'intérieur de vous-même. Vous trouverez votre réponse à votre question.
- Laquelle ?
- Mais voyons.... « pourquoi ? ». N'est-ce pas avec cette question que vous être venue ce matin dans mon église ?
M...Mais... Doucement je lève la main pour appuyer sous mon menton soudainement bloqué, fermer ma bouche et me dire que finalement, je respirerai un autre jour.

- Et vous trouverez également la réponse au fameux choix que vous devez faire.
Je ferme les yeux pour tenter de reprendre un peu contenance, tout

cela est plutôt compliqué à intégrer et... Lorsque je les ouvre à nouveau, Monsieur le curé a disparu.

Normal... Je viens à l'évidence de vivre ce qui peut s'identifier comme une rencontre prédestinée, une confirmation du destin. Tout en vérifiant que ma bouche n'est pas à nouveau bloquée sur une position associée à la possession d'un quotient intellectuel d'huître, je ne peux que me féliciter d'être parvenue à encaisser ce dialogue avec un stoïcisme relatif, mais néanmoins notable. Et même s'il n'est pas dans ma nature habituelle de supporter les discours énigmatiques, je me dois d'admettre que les équations attendues ont bien été posées et qu'elles semblent parfaitement en accord avec ma « nouvelle vie » comme je suis tentée de l'appeler. Mieux, je crois connaître la réponse à toutes ces énigmes, oui je crois vraiment.

Mais pour confirmer cela, il me faut un téléphone et un accès Internet. Tout de suite !

## Chapitre 8
## *Un café pour l'Irak*

Je ressors de l'église, et je me frotte les yeux pour tenter de faire passer le picotement. Il est vrai que plusieurs litres de pleurs donnent probablement à mon regard un air de lapin myxomatosé, ajoutez à cela que je viens de passer plus de quatre heures dans la pénombre, et pour finir je prends en plein visage le soleil de midi du mois de juin. Ca me pique, ça me brûle, j'ai mal, et je n'ai personne à qui le dire.
Un téléphone et Internet. Et vite ! Bien que je n'ignore plus que personne ne m'attend, ni dans cette ville, ni ailleurs, je ressens à présent une vraie urgence. Je vais me mettre en danger si je n'agis pas au plus vite. Et ce besoin de vitesse, je le reconnais. Cette impatience est en moi depuis longtemps, elle m'entraîne vers ce que j'attends vraiment : l'inévitable. Je tente de trouver un semblant de souffle, de me concentrer sur ma respiration tout en prenant appui contre un réverbère. Je laisse passer une seconde... puis deux...
C'est donc à cet instant précis que l'héroïne de ce film à suspense se doit de trouver un cyber café dont le patron aurait à n'en pas douter l'air d'un repris de justice et auquel elle adresserait un clin d'œil entendu pour qu'il lui fasse signe dès que les agents du FBI pointeraient leur nez. Mais qu'ai-je donc fait de mon pistolet automatique qui normalement devrait être dissimulé sous mon débardeur, et fièrement fourré à l'arrière de mon jean slim ?!
Allons, trêve de plaisanterie, où est-il donc ce damné cyber café ? Je suis dans un quartier super branché, le meilleur repère d'étudiants de

tout Paris, logiquement, si je me débrouille bien, je devrais trouver mon bonheur. Quelques pas au hasard en remontant le boulevard. J'essaye de me retenir de courir. Cyber café Latino... courage, la nouvelle route doit bien commencer ici. En guise de patron, c'est une jolie jeune fille, typée latino (...ok) qui m'accueille. 5 Euros pour un accès illimité de trois heures, et un super café labellisé commerce équitable en prime. Que demande le peuple !

Et est ce que je peux téléphoner en plus, oui, mais il faut que je me fende de 2 euros supplémentaires, oui, oui c'est un appel national, région parisienne je précise (même si c'est un portable...). Par dessus le comptoir elle me tend le sans-fil qu'elle venait juste de raccrocher au moment où je suis entrée. Pas de téléphone public, une denrée rare, puisque tout le monde possède un téléphone mobile ou presque.

Sans hésitation, je compose le numéro de mon propre mobile professionnel, on est samedi, mais en toute logique je ne l'ai pas coupé et je le garde à portée de main, au cas où Henri, ou le grand patron, ou éventuellement un de mes chers clients américains (soupir...) aient besoin (ou envie...) de m'appeler.

Deux sonneries... Le nombre de mes pulsations cardiaques vient de passer la barre des 160.

« Oui, Sibylle Langlois... »

Je raccroche aussitôt.

Et bien voilà qui confirme une chose. Je suis bien à la maison, mon oreille aiguisée a en effet distinctement entendu derrière mes propres paroles, le chouinement caractéristique de ma fille lorsque son frère aîné est en train de la faire enrager. Je suis bien là, les enfants aussi. Visiblement cette partie-là de ma vie semble effectivement suivre son

cours normal.
Nouveau reniflement de ma part. Je frotte encore mes yeux, plus pour éviter la venue des larmes qu'à cause du picotement. D'un signe de tête, je remercie Jennifer Lopez qui me tend mon café, je le prends et je vais m'asseoir devant un ordinateur pour effectuer mes recherches.
Google : fidèle outil de travail, complètement incontournable. Mots clés : ONG, humanitaire, architecte, santé.

Humanitaire... Un vieux rêve de jeunesse, comme beaucoup d'étudiants à la fin de leurs études. On est encore extrêmement jeunes, bercés d'illusions, à cette époque les soirées ont systématiquement leur comptant de débats politiques passionnés, ou de grandes solutions pour changer le monde. Oui je me souviens... Comme de bien entendu, nous croyions que les nouveaux horizons offerts par nos diplômes tout neufs allaient nous transformer en acteurs de la société que nous n'allions pas manquer de construire. C'est clair, des rêves on en avait, et l'effet de groupe couplé au cannabis donnait des ailes à nos pensées. Sans compter que nous bénéficiions du conditionnement inhérent aux quatre ou cinq ans de manifs et contestations diverses qui ponctuent chaque cursus étudiant.
A présent, je ne me souviens quasiment plus des raisons qui nous avaient poussés dans la rue à cette époque. Devaquet peut-être... Des forces bien plus puissantes que nos pauvres illusions allaient balayer tout cela : la vie et le temps qui s'écoule, ni plus ni moins.
J'ai rencontré Paul, lors de l'une de ces mémorables soirées, c'était presque à la fin de mes études, et nous avions mutuellement maudit le hasard qui nous avait tenus éloignés si longtemps, alors que

pourtant nous fréquentions les mêmes endroits, et avions un nombre important de connaissances communes.
Mon fils aîné est né deux mois après l'obtention de mon diplôme, et que cet état de jeunes parents nous a poussé bien plus rapidement que nous ne l'imaginions dans la vie active.
Très vite nos rêves de changer le monde ont été remplacés par les recherches de nounous, dossiers à remplir pour les banques, et lever à 6h00 du matin pour sauter dans deux bus plus un métro direction l'autre bout de Paris. Non, nous ne ferions pas mieux que les autres, nous étions rentrés dans la catégorie des gens ordinaires et nous étions follement heureux.
Ma contribution au changement du monde, à moi, c'était trois têtes blondes munies de sourires qui cloueraient le cœur à n'importe qui, et...

Aujourd'hui, ce n'est plus de la vanité de petite pimbêche en quête d'idéal qui me pousse vers l'humanitaire, mais une conviction bien plus forte, presque une obligation. Comme quoi l'abbé Pierre avait peut-être raison tout à l'heure.
Et je me rends peu à peu à l'évidence qu'il me faut partir et loin, pour me protéger moi, enfin protéger l'autre, la Sibylle qui reste mère de famille, épouse et fondue de son boulot. Je sens au fond de moi que plus je m'éloignerai, plus je lui éviterai les vertiges, picotements, folles impressions de déjà vu, et que cette partie de ma vie continuera sur une voie « normale ». C'est le début du recul, j'utilise le terme « normal », pourquoi pas « naturel » d'ailleurs, alors que je viens de me dédoubler de moi-même et que je suis en train de planifier ma deuxième vie en parallèle.
En un mot : la routine.

Et si en plus, j'ai peu à peu la conviction, ou plutôt si l'autre Sibylle a peu à peu la conviction que tout rentre dans l'ordre, elle abandonnera complètement toute idée de nécessité concernant les examens complémentaires, et mon petit doigt me dit, qu'au vu de la situation, il vaut mieux pour l'instant éviter de fouiller dans son, enfin... notre cerveau.
Alors choix n°1 : l'éloignement.
A la lecture de toutes les infos que je suis en train de récolter en humant mon arabica des hauts plateaux, cela ne devrait pas poser de problèmes. Mais que les choses soient bien claires, je n'accepterai pas cette situation sans avoir un peu plus d'explications sur l'origine de ces évènements, quelle que soit la nature de ces explications. Naturelles, scientifiques, surnaturelles... et je crois même que si on m'explique que je figure dans le plan d'expérience d'une colonie de petits hommes verts actuellement en orbite autour de Saturne, ayant décidé d'étudier la race humaine pour se marrer, pendant leur villégiature interplanétaire, et bien je sauterai dans les bras du premier type venu, eut-il ou non de longs tentacules violets, ou des mains à trois doigts.

Il y a aussi le speech de Monseigneur Gaillot de tout à l'heure, sur la tâche qui m'était dévolue, mon rôle à jouer, ma place dans cette vie et bla-bla-bla, genre version quête qui n'aurait pas dénotée dans le Seigneur des Anneaux, ou plutôt dans Shrek. Je veux bien, mais pourquoi maintenant, pourquoi moi ?
Rien dans les évènements récents ne m'a permis de trouver une explication valable au processus de multiplication. Et que l'on ne me parle pas de miracle ! Alors, quête ou pas quête, je m'établis

mentalement un contrat avec moi-même, j'ai une énigme à résoudre, et elle me concerne au premier chef.

Donc : choix n°2 : trouver un moyen de me trouver moi-même.
Et tout naturellement, je pressens que c'est en me tournant vers les autres que je me mettrai sur la bonne voie ; mais comme je n'ai pas la prétention de me transformer en Mère Teresa soignant les lépreux en Inde, je cherche une ONG ou toute autre organisation qui pourrait avoir besoin de mes compétences ou de quelque chose s'en approchant. J'ai une spécialité, et je l'exerce plutôt bien, du moins je crois, alors autant s'en servir, et vu que toute cette histoire est tombée spécifiquement sur moi, il y a obligatoirement une raison.
Trois destinations et trois projets différents se détachent de mes recherches.
L'Afrique bien sûr : au Mali ou à Madagascar. L'Inde du Nord, Calcutta... Le mythe de mère Teresa a la vie dure.
Et... l'Irak.

Un projet de réhabilitation d'un hôpital, qui a été pas mal amoché par la guerre. Un indice de plus indiquant que le pays veut résolument se tourner vers la reconstruction et, avec le retrait progressif des troupes américaines, certainement multiplier les démarches qui le mettront sur le chemin de l'optimisme.
Même si personne n'ignore qu'il y a encore au minimum un attentat par jour dans ce pays. C'est certainement l'idée la plus tordue, mais je sais déjà que c'est sur cette option que va se porter mon choix. C'est inexpliqué, ça me prend aux tripes, sans parler de la douzaine de frissons qui viennent de me courir sur l'échine.

Dans deux minutes, je vais entendre les grandes orgues de Notre-Dame dans ma tête, et un rayon de lumière blanche va me tomber dessus. Pourquoi pas une voix off, au timbre grave. Une vision, Dieu, peut-être... barbe et boucles blanches, toge pourpre, de face ou de profil, ambiance baroque, un grand livre ouvert sous ses mains immenses. J'attends. Je secoue la tête, j'ouvre mes yeux qui ne me piquent plus.
Une voix off ? Je n'en n'ai pas besoin. Je sais ou je veux aller. J'ai un plan. Les étapes sont identifiées. Je sais où je vais.

L'Irak. Première liste de tâches à accomplir pour mettre en branle ce projet :
1. Il faut que je m'inscrive sur ce programme, ce qui veut dire qu'il va falloir que je fournisse nom, prénom, CV, numéro de téléphone, inutile de préciser que ce n'est pas gagné.
2. Même si je pars dans le plan, je me contente de deux culottes de rechange, et d'une brosse à dent, l'Irak est un pays dévasté par la guerre, mais ce n'est quand même pas le tiers-monde, donc il me faut un minimum d'affaires et de bagages.
3. Bien sûr, un passeport avec un VISA valide, ça aussi dans la catégorie plan galère, c'est plutôt bien classé.
4. Et tant qu'à parler de guerre. Et bien, il me faut également le principal : de l'argent.

## Chapitre 9
*Intuition*

De ce que j'ai pu collecter comme informations sur internet, l'équipe affectée au projet qui a retenu mon attention est constituée depuis déjà un an, il n'y a donc aucune raison *a priori* pour qu'ils aient besoin d'une nouvelle recrue comme moi. Mais je suis persuadée que ça va marcher, alors je m'accroche à cette nouvelle conviction pour me bloquer la tête.

Continuant à me fier à mes fourmillements et autres chatouillis, je conclus qu'il ne faut néanmoins ne pas trop trainer pour présenter ma candidature, et leur vanter avec tout le tact dont je suis capable, mes qualités, celles qui vont faire de moi une collaboratrice incontournable. Il faut que j'appelle dès que possible le numéro en France que j'ai relevé sur le site de présentation du projet.

Mais avant toute chose, je dois réintégrer la catégorie des gens normaux, c'est-à-dire me doter d'un téléphone portable. Je pense que dans un premier temps je vais me contenter d'un appareil à carte, et comme je n'ai pas encore activé mon plan (et j'en ai un) destiné à me doter du pécule adapté à mes nouvelles ambitions, il faut que je maintienne en application mes restrictions budgétaires.

Si en plus, ma démarche me permet d'agir avec un maximum d'anonymat, cela n'en sera que plus approprié.

Donc direction le XVIII^ème^ arrondissement, et ses boutiques de téléphonie à bas prix, où tout est également prévu pour acheter toute sortes de cartes de téléphone à destination du Maghreb, de la Turquie ou du Mali. Moi, je me contenterai d'une carte standard d'un

quelconque opérateur français pour l'instant, et d'un téléphone muni des fonctionnalités de base.
Je ne mets pas longtemps à trouver la boutique poussiéreuse de mes rêves, écriteaux fluos sur une vitrine minuscule, affiche scotchée sur la porte d'entrée avec les mots suivants écrits à la hâte: iphones 3G débloqués. Je n'essaye même pas de comprendre ce que cela veut dire, et j'entre.

Le vendeur, typé Afrique du Nord et un sourire de vendeur de brosses à moquette en porte à porte (vu le quartier et le type de boutique, une brune pulpeuse, avec catogan, maquillage soigné et voix de téléphone rose, ça aurait forcément fait tâche), m'accueille avec un accent qui me fait instantanément sourire.
Mon voyage n'en n'est qu'à son début.
Très vite j'ai une dizaine de mobiles étalés devant les yeux, et je fais mon choix encore plus vite, un truc pratique et qui de mon point de vue donne l'air d'être résistant aux chocs et autres maltraitances auxquels je vais à coup sûr le soumettre.
Au moment de payer je fouille dans mes poches, exhibant malgré moi mes trois billets de dix dollars qui ne sont pas passés inaperçus... et mon regard tombe en même temps sur un petit Ipod Nano gris, posé sur le coin du comptoir, quasiment le même que le mien et vers lequel je m'approche.
- Si vous le voulez Mam'zelle. Pas cher du tout. J'accepte même les dollars...
- Euh... (encore mieux qu'avec le prêtre)
- Pour trente dollars tous ronds.
Bah tiens ! Comme par hasard.
- .... le téléphone, la carte, et l'Ipod presque tout neuf.

- Presque ?
- Euh oui... c'est une occasion... un client qui me l'a ramené ce matin. sa copine n'en voulait pas... il vous attendait mam'zelle.
M'est avis qu'il n'y a pas plus de client que de beurre en branches, et que l'origine de ce petit bazar, qui néanmoins me fait de l'œil depuis tout à l'heure, est très certainement douteuse.
- Est ce qu'il y a le câble de connexion aussi ?
- Le câble ?.... attendez Mam'zelle.
Je le vois fouiller frénétiquement dans deux ou trois tiroirs derrière le comptoir, dans lesquels je pense qu'il ne faudrait pas qu'un inspecteur de police laisse trop trainer son nez. Mais peu importe, vu qu'au bout de cinq minutes, il me sort d'un air victorieux le fameux câble blanc sans lequel votre Ipod restera muet comme une carpe.
- Et bien, c'est mon jour de chance alors ?... Va pour trente dollars.
Je ne pousse pas le vice jusqu'à me renseigner sur les conditions de garanties, je suis peut-être blonde, mais pas encore complètement stupide. J'ai bien vu qu'on n'était pas à la Fnac. Et lorsque je sors et que j'appuie à tout hasard sur la touche Menu de ce petit lecteur MP3 extra plat, et il faut le dire, incroyablement design, j'esquisse un sourire satisfait et ironique. Un client qui me l'a ramené. Ouais mon œil. L'appareil est au trois quarts chargé de musiques, et vu le rapide tour de molette que je viens de faire, c'est tout sauf de la daube.

Je viens certainement de faire un achat parfaitement illégal. Mais quelle importance, le vent de la liberté est en train de souffler. Et c'est au son de « *Walk of life* » de Dire Straits que je me dirige vers mon hôtel. Un petit sourire à Nestor le réceptionniste, je récupère la clé de ma chambre et je monte quatre à quatre les marches qui y mènent.

On dira ce qu'on voudra, mais me concernant, un peu de musique dans les oreilles et je retrouve la pêche quelles que soient les perturbations extérieures.
J'en profite pour me féliciter une fois de plus de mon achat.
Je m'assois sur mon lit en laissant échapper un gémissement, pas de doute, les ressorts du sommier sont toujours aussi déglingués. Et je sors de la poche de mon jean, mon autre achat du début d'après-midi.

Samedi – 16h00.
En toute logique, tout ce qui ressemble de près ou de loin à des bureaux ou autre lieu de travail doit être fermé. Oui mais dans le cas présent, c'est une organisation caritative que je cherche à joindre et quelque chose me dit qu'il faut que j'appelle aujourd'hui, et plus précisément maintenant. Je compose le numéro relevé ce matin. Une sonnerie, deux, trois.... je m'allonge sur le lit, en me préparant à la déception qui va venir lorsqu'un quelconque répondeur va se mettre en route.
- Hello…
Je note tout de suite un accent américain dans la voix de la femme qui vient de me répondre. Je me redresse d'un coup et me met à bredouiller...
- Euh.... Oui bonjour, Sibylle Galland, je suis architecte et je souhaite orienter mes activités vers l'humanitaire.... je suis très vivement intéressée par votre projet à Bagdad et....
- L'équipe en charge de ce projet est déjà formée, Mademoiselle.
- Oui j'ai bien noté la chose, dis-je en me permettant de couper mon interlocutrice, aussi je n'ai pas la prétention de perturber une organisation déjà en place, et.... qui sans doute tourne bien.

Un peu de lèche au passage, ça ne peut pas faire de mal....

- Mais si vous me permettez de vous rencontrer, je pourrais vous faire part plus en détail de mes compétences, cela fait plus de douze ans que je m'occupe de projets de bâtiments dont beaucoup d'hôpitaux, qui plus est à l'étranger et...
- Dans ces conditions, ça m'étonnerait beaucoup. Avez-vous déjà travaillé en zone de conflit armé, Mademoiselle ?
- Oui je ne vous le cache pas, ce serait pour moi une première expérience, mais choisir pour débuter dans l'action humanitaire, un domaine que je pense bien, voire très bien connaître, serait...
- Je ne pense pas que l'Irak soit la destination idéale pour débuter. Vous avez certainement dû noter que nous menions d'autres actions dans des zones.... euh... dirons-nous plus « calmes », Madagascar par exemple.
- Écoutez, si vous vous posez des questions concernant mes capacités à m'adapter, je peux vous certifier le contraire, de plus, je n'ai plus aucune attache qui me retienne en France, ou en Europe, et je suis déterminée à partir, si possible dans des conditions difficiles.
- Avoir envie de tout plaquer ne suffit pas, Mademoiselle. Je n'ai pas envie d'encombrer mon équipe de n'importe quelle minette dépressive. Croyez-moi, ils n'ont pas besoin de cela.

Je serre les dents pour ne pas relever cette dernière pique, et surtout ne pas entrer dans le petit jeu d'agressivité que me livre mon interlocutrice...

- Je parle arabe !

Aïe, le bobard, c'est peut-être guère mieux que l'agressivité. Je ne sais pas pourquoi, ça m'est sorti comme ça. Bon tant pis, je continue.
- ... Enfin, euh.... plus précisément je suis en train de terminer une formation... et je suis persuadée que si je pouvais vous rencontrer, Madame, euh... Madame ?
- Eleanor Dartmoor, je représente l'un des principaux bienfaiteurs de cette organisation.

Je ne sais pas si c'est l'effet de mon mensonge, ou bien mon insistance, qui ont eu raison de la froideur de Madame Dartmoor, mais d'un seul coup, elle se met à me donner tout un tas de détails. Elle est de passage cette fin de semaine à Paris, et elle est juste repassée un moment dans les locaux de l'organisation pour récupérer quelques dossiers avant de prendre son taxi pour Roissy, elle prend un vol pour New York, dès ce soir.
Comme quoi... Mon passage dans la quatrième dimension ne m'a peut-être pas dotée du pouvoir de passer à travers les murs, mais d'une bonne dose d'intuition, ça c'est indéniable. Donc, non, elle ne pourra pas me rencontrer aujourd'hui, mais si je peux me rendre dans leurs bureaux en fin de semaine prochaine, plus précisément, vendredi 15h00 avec CV et références, elle consentira à m'accorder quarante cinq minutes pour un entretien.
Ce sur quoi, elle raccroche, me laissant tout juste le temps de la saluer et de lui souhaiter un bon vol.

Pfffouuu !....
Je ne savais pas trop quoi penser de ce premier contact, et j'ai commencé par me maudire de m'être lancée comme cela sans préparation, sans aucune anticipation sur les questions auxquelles

j'allais devoir répondre, et puis... voilà que je parle arabe maintenant ! Je me maudis, mais je ne suis guère étonnée. Cet enthousiasme excessif, voire cette absence de discernement, se produisent toujours quand je suis en situation de stress. C'est une réaction presque animale, où seuls mon cœur et mon corps prennent les décisions, mon cerveau est laissé de côté. Il ne réagit plus assez vite. Cet animal porte un nom, l'instinct, et n'avance que pour une seule raison : la survie. J'ignorais si je devais me réjouir de l'avoir laissé s'échapper. Mais je ne me donnais plus le choix. J'allais avancer. Et je comptais bien sur les apparitions futures de cette bestiole, et surtout sur son imprudence. J'allais en avoir besoin.

Et pour illustrer cette continuité dans ma détermination, le front appuyé sur la vitre de la fenêtre de ma chambre, je dresse mentalement le bilan de cette conversation téléphonique.

1. J'ai réussi à joindre une personne du projet qui m'intéresse, et pas des moindres puisque cette dame représente visiblement les hauts responsables.

2. J'ai un entretien pour la semaine prochaine, dit autrement j'ai cinq jours devant moi pour mettre au point un plan d'attaque... Là pour le coup, question préparation je vais pouvoir me lâcher.

3. J'ai pris une décision concernant mon nom dans cette nouvelle vie : « Sibylle Galland », mon nom de jeune fille.

4 . Et pour l'arabe... euh, je laisse cela de côté pour l'instant, j'ai plus important à faire, et dès ce soir.

Je dois retourner chez moi.

## Chapitre 10
*Intrusion dans la nuit*

Mon choix concernant mon « nom » est tout ce qu'il y a de plus sensé. Déjà, je ne risquerai pas de me faire piéger en hésitant lorsqu'on me demandera comment je m'appelle, comme si j'avais choisi « Nathalie Lenoir » ou bien « Elodie Martin ».
Et ensuite cela va résoudre d'un seul coup deux problèmes sur les deux mille cinq cents qui m'attendent à coup sûr : le passeport et l'argent.
Le passeport, c'est presque le plus simple, et c'est ça l'avantage de travailler dans une boîte qui gère des projets internationaux avec les Etats-Unis. Il est de bon ton que les collaborateurs, et en particulier les chefs de projet se rendant régulièrement dans nos agences de Boston ou Philadelphie, n'aient pas dans leur passeport des visas dits « à problèmes », genre Arabie Saoudite, Pakistan...
Cela ne m'est pas arrivé de me rendre dans ces pays, mais c'était parfaitement envisageable, vu que nous avions déjà eu des contacts là-bas, voire même des petits projets.
Du coup, mon employeur avait fait les démarches pour que j'ai d'office deux passeports, pour pouvoir jongler avec ce type d'éventualité.
Et ce qui m'arrange au plus haut point à présent, c'est que le second avait été établi au nom de Sibylle Galland, et bien sûr aucun de mes enfants n'était enregistré dessus. C'est ce document que je dois récupérer, et il est dans le placard de ma chambre.
Ensuite, pour l'argent, c'est pratiquement du même style. Comme

beaucoup de couples, nous avons bien sûr un compte commun, sur lequel tombent nos deux salaires, sont prélevés les impôts, les mensualités des emprunts... Mais j'ai toujours tenu à conserver un compte personnel que je possédais depuis mon plus jeune âge, donc bien évidemment sous mon nom de jeune fille. Et sur ce compte, il me reste presque 14 000 euros, provenant d'un petit héritage, et auxquels nous n'avons jamais voulu toucher. Je n'ai pas de carte de crédit sur ce compte, juste un vieux chéquier qui doit également traîner à la maison, mais il faut absolument que je le récupère aussi.

Connaissant au premier chef mes projets personnels et mes futures destinations professionnelles, il est inenvisageable que Sibylle se mette en quête de ces papiers. Tout du moins, je compte bien là-dessus.
Ensuite, la raison pour laquelle il faut que je me rende chez moi cette nuit et pas une autre, c'est qu'il s'agit de la nuit de samedi à dimanche. Et que logiquement pour moi, c'est la plus sereine de la semaine. C'est-à-dire sans insomnie, ou crise de boulot nocturne pour rendre un rapport quelconque le lendemain matin.
Si je cible la tranche 2-3 heures du matin, ça devrait être du velours. Enfin je l'espère. Et puis pour couronner le tout, dans la série j'ai de la chance aujourd'hui, il s'avère que nous sommes le 21 Juin, soit la fête de la musique, ce qui sera royal pour moi, puisque les RER vont tourner toute la nuit.
Si en même temps je pouvais trouver le moyen de me piquer une ou deux culottes et un débardeur propre, ce serait plus que du luxe, en attendant d'avoir les moyens de me livrer à ma petite séance de shopping d'avant départ.
Car je vais partir, cela ne fait plus aucun doute.

En attendant, je consens à m'accorder quelques heures de sommeil avant mon expédition nocturne, ce sera une étape éprouvante, je le sais et j'ignore encore comment faire pour me maîtriser lorsque j'entendrai la respiration des enfants, ou si j'aperçois dans l'entrebâillement de la porte de leur chambre leurs visages d'anges perdus au pays des rêves.
Je parviens plus ou moins à me rassurer, ou tout du moins à enfouir ces angoisses dans un coin de ma tête, et à me laisser emporter par le sommeil qui est arrivé bien plus vite que je ne l'espérais.

23h30.
Je me réveille en sursaut et en nage, mes cheveux sont tout collés dans le creux de mon cou, les marques élégantes des plis des draps se sont imprimées sur mon visage et sur ma poitrine, et j'ai plus que jamais une tête de déterrée. Y a pas à dire, je suis fin prête pour remporter un concours de beauté.
Je tente d'effacer ces traces de mauvais sommeil en me frottant vigoureusement le visage, et en regrettant amèrement de n'avoir personne avec moi pour me frotter les vertèbres et le haut du dos qui n'ont pas manqué de se faire rappeler à mon bon souvenir, et plus que douloureusement. Je fourre téléphone et Ipod dans les poches arrières de mon jean, j'ai également de la monnaie faite au café latino, je vais donc pouvoir voyager en toute légalité et m'éviter ainsi toute entrevue embarrassante avec un contrôleur ou tout autre représentant de la loi.
En passant devant le comptoir, Monsieur le maître de maison m'arrête un instant :
- Vous sortez ?
Sa perspicacité continue de m'impressionner...

- Et bien oui, je crois que je vais profiter un peu de la musique dans les rues parisiennes.
- Vous rentrez tard ?
De quoi je me mêle ?
- Euh... il est déjà tard là... Alors oui, je pense que je vais rentrer au petit matin, je me reposerai dimanche.
- Sans vouloir me mêler.... Enfin... Soyez prudente tout de même.
- Euh... Oui, bien sûr... mais...
Et il repart dans son appartement dont la porte est juste derrière le comptoir, en marmonnant. Je me trompe peut-être, mais je suis presque sûre d'avoir à nouveau entendu les mots « Soyez prudente, c'est tout... »
Décidément, même si je ne flashe pas tellement sur son style capillaire, la sollicitude et la perspicacité de cet homme me semblent tout de même un peu hors du commun. Traite-t-il tous ses clients de la même manière, ou bien juste les blondes en jean moulant et au regard paumé ? Absorbée par mes réflexions, je ne regarde plus vraiment où je marche et je manque de percuter deux femmes qui avançaient dans ma direction.
-...'Scusez-moi... Ai-je à peine le temps de murmurer.
Mais lorsque je me retourne, je m'aperçois qu'elles aussi ne m'ont pas vraiment vue, et qu'elles poursuivent leur chemin tout comme leur conversation animée, ponctuée de divers gloussements. Je m'arrête un peu pour les observer... Jupe ultra courte, blouson moulant, cheveux crêpés en queue-de-cheval montante. Ah, et puis, talons aiguille, normal. Ca aurait manqué à la panoplie. Leur profession ne faisant aucun doute, je m'entends même me poser la question de savoir s'il s'agissait véritablement de femmes, quand je les vois entrer dans « mon » hôtel.

Ah et bien voilà qui donne un vrai cachet à mon petit hébergement. Je suis descendue dans un hôtel de passe. Super ! Je ne vois pas comment j'aurais pu tomber mieux.
Je m'étonne de ne pas avoir été dérangée par les allées et venues, et autres désagréments sonores, alors soit je dors vraiment bien, soit je me goure et mes deux passantes sont juste passées saluer le patron de l'hôtel. En même temps, vu l'état des sommiers, elles pourraient facilement se plaindre auprès de leur mac pour conditions de travail difficiles, voire impossibles… à moins qu'elles ne fassent que dans le service rapide.
Ce petit intermède m'a fait sourire, et c'est d'un pas plus léger que je me dirige vers la station de métro la plus proche. Dans le métro l'ambiance est à la fête, malgré l'heure tardive, des jeunes courent partout l'air heureux, des groupes de musique hétéroclites se bousculent dans les rames, chargés de leurs instruments.

Visiblement pour certains, la nuit ne fait que commencer, et pour moi aussi d'ailleurs.
La tête appuyée contre la vitre du RER, je me repasse mentalement toutes les actions à mener, et surtout dans quel ordre, car il s'agit de ne pas faire d'erreur. En y réfléchissant, je ne reviens pas moi-même de la transformation qui est en train de s'opérer en moi.
Je prends des risques démesurés en racontant des mensonges impossibles, je me fourre sans hésiter dans des situations abracadabrantes sans avoir *a priori* de plan prévu pour m'en sortir, je m'apprête à me transformer en cambrioleuse du samedi soir, et ce dans ma propre maison, et je loge tout naturellement dans un hôtel aux fréquentations douteuses.

Et avec tout cela, les évènements s'enchainent avec une logique tout ce qu'il y a de plus naturelle.

Je ne suis pas encore tout à fait prête pour décider si le moteur de tout cela est le destin, ou plus simplement un mécanisme dont la mise en route n'a été intimée que par une seule personne : moi. Ce que je sais, c'est que je me préfère lorsque j'avance. Certes, je n'ai pas encore une très grande visibilité, de celles qui me permettraient de voir plus loin que la semaine, mais je commence à avoir une bonne idée sur ce que je vais faire du temps qui m'est imparti.
Et en particulier des deux prochaines heures.

Donc en premier lieu : entrer dans la maison. Rien de plus simple. Nous ne sommes pas de grands adeptes de la sécurité, nous avons bien évidemment une alarme, mais nous ne la mettons en route que pour les grands départs en vacances, et encore. Les portes d'entrée sont logiquement fermées pour la nuit, mais (et c'est l'avantage de cambrioler sa propre maison, je connais les petites astuces)... nous planquons la petite clé de la baie vitrée de la cuisine sous un vieux tas de tuiles qui trainent sous la haie de bambous. C'est pratique pour la femme de ménage, à qui nous ne confions plus les clés principales car elle nous en a déjà perdu deux jeux.
Ensuite, le trajet jusqu'à la chambre, qui lui non plus ne devrait pas poser de problème, vu mon entraînement matinal à me déplacer dans le noir, je suis bien rodée, et le samedi c'est le jour du grand rangement pour les jouets, peluches, cubes, et autres camions qui immanquablement traînent un peu partout dans le salon. La voie sera donc libre, mais je resterai tout de même vigilante, j'étais plutôt bien crevée par mon déplacement de la semaine, il est tout à fait possible

que j'ai zappé cette étape et filé au lit plus tôt.
La montée d'escalier... Pas de soucis, le nôtre dans le plus pur style « loft » est métallique, donc pas de marches qui grincent. Et dans la chambre, si tout se passe comme prévu, mon passeport « de rechange » est dans un petit tiroir du placard de la chambre, juste à côté des culottes, donc ça se présente plutôt bien.
Mon carnet de chèques doit par contre être enfoui dans le tiroir de la table de nuit, et là, ça risque d'être un peu plus coriace car je sais qu'il y a aussi tout un tas de bordel genre plaques de médicaments, pommade antidouleur pour mon dos, bijoux fantaisie divers, boutons de pantalons…
Il va certainement falloir improviser.

Ce n'est pas forcément moi qui m'inquiète, quand je suis crevée, ce qui est le cas, j'ai un sommeil de plomb. Non c'est plutôt Paul, le moindre bruit inhabituel peut le réveiller en sursaut. D'ailleurs chez nous, c'est plutôt lui qui est préposé aux actions nocturnes pour les enfants, du style recherche de doudou perdu, nettoyage musclé version Tarantino de tout ce qui peut ressembler de près ou de loin à un monstre ou à un loup égaré en pleine nuit. Alors que moi je n'entends strictement rien, dès que mon insomnie est passée.
Je n'ai pas vraiment de plan en cas de réveil inopiné de mon mari, mais je me fie à ma bonne étoile, ou plutôt au fil du destin, qui semble mieux que moi maîtriser le cours des évènements.

Aïe!
Je viens de me râper le coude, il a brutalement glissé du rebord de la vitre.
Je n'en crois pas mes yeux de ce que je suis en train de voir.

La femme de l'autre soir.

Tout aussi apprêtée, le même sac à main. Elle est debout sur le quai de la station Nanterre, et cette fois, j'en suis sûre, elle me regarde avec attention... Et lorsque le train redémarre je suis quasi certaine de l'avoir vu hocher la tête en signe d'approbation.
Je ne peux m'empêcher de penser que décidément, Monsieur « destin » semble avoir pavé mon chemin de divers anges gardiens. Ou alors, je suis tout simplement en train de faire une énième crise de paranoïa, activée par le stress auquel je dois faire face avant de pénétrer dans ce qui avant hier encore était... « chez moi ».
Station du Vésinet. Et bien comme on dit, c'est là que les Athéniens...

Je refais le trajet de l'autre soir en sens inverse, tout aussi automatiquement que la dernière fois. Mais les raisons sont tout autres : j'étais résignée, alors que cette fois-ci je suis déterminée. Du coup, j'ai l'impression d'avoir parcouru le bon kilomètre qui me sépare de la maison en moins d'une minute.
Il est 2h15 du matin, toutes les lumières sont éteintes : parfait... Plus le temps de réfléchir, je saute le portail presque aussi facilement que le portillon du RER et je courre le dos baissé comme si j'étais miss commando en approche, jusqu'à l'arrière de la maison, baie vitrée de la cuisine... et je laisse mes chaussures dehors (because talons) avant d'entrer.
Le coup de la clé se passe sans problème, la traversée du salon et la montée de l'escalier itou. Tout est silencieux dans la maison. Je prends une grande inspiration pour passer sans réfléchir devant les portes des chambres des enfants et je me dirige vers ma chambre, le

plus doucement possible.

A mesure que j'enchaine un pas, puis l'autre, dans le plus pur style du funambule, les picotements dans la nuque qui m'avaient plus ou moins foutus la paix depuis « mon départ » me reviennent peu à peu, mais dans une version vachement plus douloureuse, avec en prime de sérieux bourdonnements dans les oreilles, dont l'intensité si je ne me trompe pas augmente en même temps que la distance qui me sépare de... euh... moi... diminue...
Ça crépite tellement autour de moi, que j'ai l'impression que l'atmosphère devient solide et que chaque pas effectué produit le grincement de la moindre molécule d'air présente dans mon environnement proche. Je suis à présent dos au fameux placard, j'ai une vue imprenable sur le doux visage de Paul, et oh mon Dieu... je me vois... je suis là... je peux presque me toucher....

Malgré moi, je tends la main vers moi, juste avant de la rabattre brutalement contre mon corps, en raison des fourmillements insoutenables dans le bout de mes doigts. Et visiblement, la Sibylle allongée là devant moi, n'a pas l'air de trouver cela agréable non plus, je me vois m'agiter, me retourner, porter mes mains à mes oreilles.
Aïe, quelque chose me dit qu'il faut que je fasse ce que j'ai à faire le plus vite possible, et que je me sauve de là avant de provoquer un genre d'accident électromagnétique, ou de faire sauter tous les plombs du quartier.
Je trouve mon passeport en moins de deux, je fourre deux culottes blanches dans une de mes poches, tant pis pour le débardeur ou autre tee-shirt... Ce n'est pas le moment... Je m'approche de ma table de nuit, j'ai l'impression de respirer de l'électricité statique, l'air empeste

l'ozone, comme à côté d'une photocopieuse. Mon rythme cardiaque vient de monter de 3 ou 4 crans. Vu qu'il était déjà assez haut en entrant dans la maison, à présent c'est comme si les tambours du Bronx au grand complet étaient en train de donner un concert au dessus de notre lit.
Très, très difficilement je m'agenouille auprès du lit, je ne crois pas avoir respiré depuis au moins un bon quart d'heure... et j'ouvre le tiroir lorsque....

« Papa !... Papa !!! »
Oh non... Le bébé, pile au bon moment.
Oubliant la pulsion qui voudrait que je courre vers son berceau, je roule sous le lit en moins de temps qu'il ne faut pour le dire, juste assez vite pour voir Paul sortir de la chambre en titubant, agitant les mains devant lui pour éviter de se manger un mur. Dès que je l'entends pousser la porte de la chambre du bébé, murmurant d'une voie pâteuse des paroles rassurantes, je risque un œil vers Sibylle... Elle est toujours très agitée, sa respiration est très rapide mais elle dort, il n'y a aucun doute. Je dois vraiment, vraiment être crevée...
Elle au moins, vu son sommeil, elle va réussir à s'éviter les jolies cernes sous les yeux, que moi par contre.
Allez, il ne faut pas traîner. Je me relève, je trouve mon précieux carnet de chèques beaucoup plus facilement que prévu, et oh super ! Un vieux relevé de compte est plié à l'intérieur (moi et le rangement...). Je me tire vite fait de là, profitant que le couloir est libre, et je commence à descendre l'escalier.

- Sibylle ?
La décharge d'adrénaline qui vient de parcourir le dos me cloue

quasiment sur place. Vu le tour que ça prend, je suis sûre d'allumer une ampoule rien qu'en la tenant dans la main, limite si je ne vais pas recharger mon portable juste en téléphonant.

- ..Euh... Oui ?
- Tu t'es levée ?

Vite fait... trouver une réponse plausible, mais si possible ambigüe.

- Ben... je voulais aller boire un verre de lait.... Comme ça, rien ne dit si je l'ai déjà fait ou non.
- Ah OK... Bon je vais juste chercher une couche pour le bébé et je te rejoins dans le lit.

Et ouf, je le vois faire demi-tour vers la salle de bain, visiblement il est suffisamment dans le coltard pour ne pas avoir remarqué que j'étais habillée et pas en nuisette.

Allez, pour l'improvisation je ne m'en tire pas trop mal.

Refoulant les sanglots que je sens monter et qui me brûlent la gorge, je sors en vitesse par la cuisine, je commence à courir... et puis, et merde ! Mes chaussures ! Demi-tour sur place, j'attrape mes petits escarpins d'une main et je reprends ma course, manquant de me vautrer en sautant... encore le portail....

Je cours jusqu'à la station, pieds nus habitée par un mélange complètement contradictoire d'angoisse, de remords, de soulagement, d'incompréhension et... pfou... je me demande comment je fais pour être encore vivante, là... juste avant de m'écrouler sur les marches pour remettre mes chaussures.

J'ignore comment j'ai fait pour rentrer à l'hôtel, mais je me souviens avoir choisi de faire tourner en boucle « *With or without you* » de U2 dans mes oreilles.

Avec ou sans toi... Voulais-je parler de Paul ou de Sibylle ? Peu importe, murmurai-je juste avant de m'écrouler sur mon lit, qui ce soir plus qu'hier, me semblait ne pas avoir de fond.

## Chapitre 11
*La suite du plan*

Lundi matin 8h00.
J'ai monté mon thé dans ma chambre, juste après avoir payé d'avance par chèque toutes mes nuitées jusqu'à vendredi. En me promettant de profiter de la première pharmacie d'ouverte pour aller m'acheter un tube de Ketum ou autre pommade du genre, version grand modèle.
J'ai passé la journée d'hier, enfin la demi-journée, puisque j'ai comme prévu comaté jusqu'à deux heures de l'après-midi, à mettre au point la suite de mon plan destiné à faire de moi la candidate parfaite pour l'Irak et pour séduire la coriace Mrs Dartmoor.
Il faut que je transforme le CV de Sibylle Langlois en celui de Sibylle Galland, quasiment le même, mais avec les références légèrement modifiées pour éviter de me créer des problèmes, ou dit plus clairement de créer des problèmes à l'autre.

La solution m'est venue suite à mes cogitations dominicales, et je la mettrai en œuvre dès aujourd'hui, outre-Atlantique, en appelant Elizabeth Carlton... Elizabeth, Lizzie, est la responsable de notre agence de Philadelphie, et également comme qui dirait le mentor de mon début de carrière. Sans forcément dire qu'elle m'a tout appris, elle m'a au moins aidée à m'habituer à la plupart des ficelles du métier, et donnée quelques clés pour essayer de me blinder un peu, et à mes débuts. Il y avait du boulot. En plus de tout cela, j'ai toujours eu le béguin pour les personnes qui s'assument pleinement, qui possèdent de vraies passions et un don inné pour les communiquer, Lizzie en fait partie. Aussi, bien que nous n'ayons plus l'occasion de travailler ensemble depuis pas loin de neuf ans, nous avons gardé un excellent contact et nous conversons très régulièrement par mail, sur MSN, ou tout simplement par téléphone, sans oublier un dîner qui immanquablement dure toute une nuit plus une grosse gueule de bois, une fois par an.

Parce que Lizzie fait beaucoup plus que de s'assumer, elle possède réellement une vie hors du commun et c'est justement à cause de cela que nulle autre personne qu'elle ne pourrait mieux me venir en aide. Car pour tout dire, la vie familiale de Lizzie est tout sauf... euh... conforme.
Elle doit en être à son troisième mariage... à moins que ce ne soit le quatrième, j'avoue que souvent dans le flot incessant de ses paroles, je m'y perds un peu. Elle a deux fils, qui doivent avoir la trentaine, l'un est avocat je crois, et l'autre travaille dans l'immobilier. Les deux vivent sur la côte Ouest, et ont très peu de contacts avec leur mère.
Elizabeth est très peu maternelle je crois, et en outre les hommes ne présentent à ses yeux que très peu d'intérêt, sauf éventuellement pour... enfin vous voyez ce que je veux dire... et Lizzie est une femme qui a du tempérament, même à cinquante ans bien tassés. Américaine jusqu'au bout des ongles, elle reste également très puritaine, aussi bizarre que cela puisse paraître. Elle n'envisage donc pas ses relations avec les hommes autrement que dans le mariage, elle change souvent d'alliance, c'est le seul détail. Parfois, je me dis que c'est également pour combler la solitude qu'elle doit ressentir, comme beaucoup de gens à très forte personnalité, mais cela n'engage que moi.
En outre, pour elle, n'importe quel secret a valeur d'évangile. Il ne lui

arrivera jamais de trahir qui que ce soit, même quelqu'un qu'elle n'apprécie guère... son intégrité étant un de ses véritables fondamentaux.
C'est pour ces deux raisons que j'attends patiemment qu'il soit midi et demi, pour la joindre dès son arrivée aux bureaux, soit à 6h30 du matin, heure de Philadelphie.
Et lorsque l'heure arrive enfin, je me lance sans hésiter dans l'étape suivante de mon plan.
En femme d'affaire qui se respecte, elle répond dès la deuxième sonnerie
- Liz Carlton Hello
- Lizzie, c'est Sibylle...
-Sibylle, Honey ! I 'm so pleased... How are you ? Comment vas-tu ma grande !
Lizzie mettait toujours un point d'honneur à parler français dès que l'occasion s'en présentait. Nous nous rejoignions au moins sur cet aspect : le plaisir de parler une langue étrangère. Par respect, je lui laissais la main, et nos conversations se déroulaient donc invariablement en français.
- Je vais bien Lizzie, merci, et toi ?
- Ttt... ma grande, ne commençons pas à parler de moi, sinon nous en avons pour une heure, et tu ne pourras pas me dire ce qui t'amène... car il y a une raison à ton appel, n'est-ce pas ? Allez, raconte-moi tout et vite, je brûle déjà d'impatience !
Alors elle, ce n'est pas de l'intuition dont elle est dotée, mais carrément de la clairvoyance. Je n'ose imaginer le nombre de fées qui se sont pressées au-dessus de son berceau, mais à coup sûr cela a dû faire exploser tous les records.
- Ecoute Lizzie, je ne vais rien te cacher... mais... c'est un poil

compliqué....
- Parfait ma grande, c'est ce que je préfère, alors accouche ou je m'évanouis avant...

Ah ces Américains ! Tout dans la démesure.

- Bon voilà, ça ne va pas très fort avec Paul en ce moment et...
- Là tu commences à m'intéresser.
- Peut-être un truc genre crise de la quarantaine...
- OK, I see, si tu veux cette crise-là, je la fais depuis que j'ai vingt ans alors...
- Lizzie, si tu me coupes tout le temps, je ne vais pas y arriver...
- Oh God ! Je suis incorrigible, pardon honey, allez, continue... It's so exciting...
- Bon voilà, nous allons certainement décider de prendre un peu de recul, et pareil avec mon boulot...
- Et...
- Je pense poser un an de congés sabbatiques, je voudrais partir à l'étranger... faire du bénévolat, en tout cas faire une vraie rupture tu vois...
- Oui, je vois tout à fait, et vu le parfait bonheur que tu semblais vivre, je te croyais définitivement perdue pour la cause... Je suis emballée par ce que tu me racontes, mais en même temps... un peu dubitative... Sibylle, your kids... comment vas tu faire ? Tu sais, moi, ce n'a jamais été mon truc, et les garçons s'en sont quand même très bien sortis... Avec moi, il faut avoir la gnaque, « struggle for life », you know... Mais toi, OK, pour la petite pause conjugale... ça, tu as raison, c'est un truc hormonal... Il faut que tu te lâches, d'ailleurs je n'ai jamais compris pourquoi tu étais restée aussi longtemps avec ton

mari... Quoi dix ans, quinze ans ??? Une vraie connerie, maintenant je me permets de te le dire et...
- Lizzie !
- Oui, pardon excuse me... Je reviens sur le principal : les enfants... I know you as if you were mine... Je sais très bien que...

Il va falloir jouer serré... Allez, si ça passe avec elle, peut-être que cela finira par passer pour moi même....
- Oh, tu as raison... c'est la partie la plus compliquée... C'est un vrai déchirement d'envisager de les laisser, mais tu sais, avec toutes ces merveilles informatiques : Skype, MSN, je pourrai rester en contact permanent avec eux... Et puis crois-moi, j'ai trouvé quelqu'un de toute confiance pour s'occuper d'eux... un vrai clone de moi, si je puis dire... Et puis, cette échappée, j'en ai vraiment besoin, je sens que je vais péter un câble sinon, avec Priam j'ai aussi vraiment besoin de faire une pause, ils me tapent sur les nerfs...
- Jesus ! Ne m'en parle pas ! J'ai promis de ne rien dire, mais la semaine dernière Blanchard m'a encore fait un tour pendable.... and...
- Ne dis rien, tu as raison... D'ailleurs je ne veux rien savoir...
- So what, c'est pour quand ce petit projet ?
- Rien n'est vraiment décidé pour le moment, je mène plusieurs lièvres de front, et bien sûr je n'en ai pas touché un seul mot aux grands patrons...
- Pas même à Henri ?
- Surtout pas à Henri... Je veux lui éviter une attaque ! Je le mettrai devant le fait accompli quand tout sera organisé et que ce sera quasiment la veille du départ... Je le connais, il trouverait tout un tas de raisons pour me dissuader et.... Il n'est pas exclu qu'il y parvienne d'ailleurs...

- Ah ! Henri... Sacré couple que vous formez you two... D'ailleurs je suis étonnée que tu n'ais jamais songé à...
- Lizzie ! Tu es incorrigible !
- Yes, I know... Well, j'en déduis que toi et Henri c'est....
- C'est Non, et d'ailleurs, même si c'était le cas, tu penses bien que je le garderais pour moi...
- Ça c'est sûr, je crois que côté sentiments, je ne connais personne qui cultive mieux que toi son jardin secret... Tu as raison, Honey... tu as raison.... Anything is yours more than this...

Je la trouve bien philosophe tout à coup...
Mais il faut que j'aille au bout, alors je poursuis :
- D'ailleurs, même avec Paul, je ne me suis pas encore trop étendue sur mes projets... même s'il sait que nous allons immanquablement faire une pause tous les deux... Je ne pense pas qu'il sache sous quelle forme... Aussi, j'ai un service à te demander, ça c'est clair, mais je compte sur ta discrétion, que ce soit au niveau de Priam, ou de ma famille... Pas un mot, tu entends !
- Sibylle, tu me connais.... cette conversation n'a jamais eu lieu... Allez crache le morceau...
- Bon, pour pouvoir mettre au point mon projet en toute discrétion, sans que mes éventuels futurs employeurs ne se rancardent de trop près auprès des grands patrons, ou pire de mes clients, il faut que je me fabrique un faux CV.
- You are fascinating ! Continue...
- Je me suis créée une nouvelle identité, mais pas trop éloignée de la vérité, j'ai pris mon nom de jeune fille... et en fait... et bien je pensais refaire mon CV avec des références exclusivement aux Etats-Unis, des projets avec toi, si possible avec des clients injoignables ou qui

n'existent plus, mais de renom tout de même... Peut-être en étoffant un peu les projets sur lesquels nous avons travaillé ensemble... Et bien évidemment je ne citerai que toi en référence... Alors ? Tu suis ?
- Non seulement je suis, mais je relance de 10 000... So, tell me all that you want !

En moins de deux heures (j'ai demandé à Lizzie de me rappeler, parce que question conso, mon téléphone n'allait pas pouvoir suivre, nous avons réglé tous les détails de la carrière de Sibylle Galland. Et vu que j'avais formulé à Lizzie mes souhaits concernant le Moyen-Orient, elle a même réussi à caser dans mes expériences une petite étude pour un client aux Emirats, et qui correspondait parfaitement aux critères que je lui avais donnés.
J'ai prétexté des problèmes de confidentialité, que je ne faisais plus confiance à personne au département informatique de Priam, et que par ailleurs il était hors de question, vu le secret que je voulais maintenir pour l'instant, d'utiliser le PC de la maison.
Donc elle allait taper elle-même le CV au nom de Sibylle Galland, et par la même occasion l'envoyer par mail à l'adresse que je lui ai indiqué et puis je me débrouillerai pour récupérer le fichier.
Je lui ai bien sûr communiqué le mail de la fameuse organisation où mon entretien était planifié pour la fin de semaine, mais sans lui donner de détails sur le sujet.
Vu tout mon baratin sur les aspects de confidentialité et de discrétion, je sais qu'elle ne va pas trop insister pour savoir à quoi cela correspond.

Une fois de plus, une étape franchie sans encombre. Il va falloir que je m'attaque au problème de mes soit disant compétences en arabe...

et aussi au crucial problème du Visa.

Mais au moins sur le premier point, j'ai mon idée.

## Chapitre 12
*Hussein*

Partant du principe dorénavant établi qu'aucune des rencontres faites depuis le début de ma petite « escapade » n'a l'air due au hasard (je repasse dans ma tête les différents personnages par ordre d'apparition, depuis la femme de ménage guadeloupéenne, le prêtre et le réceptionniste de l'hôtel…), j'ai pris la décision de chercher une solution à mon besoin de cours accélérés en arabe, tout simplement parmi ces rencontres.

C'est pourquoi, j'ai cet après-midi repris le chemin du XVIII$^{\text{ème}}$ arrondissement, direction la petite boutique de téléphone.

Au moment où je m'appuie contre la vitrine avec la main en visière pour pouvoir distinguer quelque chose à l'intérieur, en raison d'un très fort reflet, je croise le regard du petit vendeur de l'autre jour. Ses yeux prennent instantanément la taille de deux soucoupes, et sa bouche s'arrondit dans un signe de surprise mêlé d'effroi... Comprenant aux différents coups de têtes qu'il donne de droite et de gauche, qu'il risque de prendre la poudre d'escampette d'un instant à l'autre, je me précipite à l'intérieur en criant un truc intelligent du style :

- Ne partez pas !!...

Et avec une vivacité qui me surprend encore, j'arrive à lui attraper le poignet par dessus le minuscule comptoir avant qu'il ne se précipite dans l'arrière boutique, au fond de laquelle j'en suis sûre, il y a une porte de sortie, et s'il l'atteint. Adieu ma soi-disant solution.

Pour m'approcher de lui tout en le tenant, je renverse au passage une

quinzaine de boites en carton empilées à côté du comptoir... et je m'évertue à lui répéter :
- Mais enfin, pourquoi voulez-vous vous enfuir ? Qu'est-ce qui se passe à la fin !
Les seuls mots qu'il parvient à articuler dans sa panique, qui semble vraiment sincère :
- Police, police...

Et tout à coup je réalise, stupide que je suis... Bien sûr, il s'imagine que je suis une quelconque nana de la police, et que je l'ai piégé avec l'achat de l'Ipod l'autre jour.
Vu que malgré la crasse de mon tee-shirt, je n'ai pas vraiment le look du quartier et encore moins celui de faire mes petits achats dans ce genre de boutique.
Bon, il faut trouver le moyen de le rassurer et vite :
- Non, pas de police, je vous assure. Je vous le jure vous entendez ! Et je suis très contente de l'iPod. Tenez, je l'ai avec moi, il ne me quitte plus.
Et dans le même temps je tire de ma main libre le petit appareil qui était dans la poche arrière de mon jean.
- Tout va bien, calmez vous.... calmez vous.
Je sens que son bras se décrispe un peu, et instantanément je relâche légèrement la pression sur son poignet.
- Je suis revenue parce que j'ai un service à vous demander. Un vrai service, et je suis sûre que vous pouvez m'aider. J'ai vraiment besoin de vous. Vous me croyez ?
Hochement ultra rapide de la tête.

- Bon si je vous lâche le bras là... vous me promettez que vous n'allez

pas vous sauver. Vous me le promettez, je peux compter sur vous ???
Nouveau hochement de tête, et je note en même temps, que ses pupilles ont repris une taille quasi-normale. Tenant ma promesse moi aussi, je le lâche, tout en gardant la totalité de mes sens en alerte pour pouvoir à nouveau lui bondir dessus, si jamais lui reprenaient des velléités d'escapade.
Et je me lance dans la demande la plus stupide qui soit, avec l'unique conviction que la route sur laquelle je voyage depuis deux jours est mieux balisée qu'un sentier de grande randonnée, et que chaque étape contient l'indice ou les éléments nécessaires pour atteindre la suivante.
- Bon voilà... C'est un peu particulier comme demande, et je m'en doute, très inconvenant de ma part, mais je suis un peu aux abois là, et vu votre gentillesse de l'autre jour et puis aussi euh... votre accent, je me suis dit que....
Arrête de tourner autour du pot Sibylle, tu es agaçante quand tu fais ça, et tu le sais...
- Alors, et bien... Je dois apprendre l'arabe et je dirais que je suis très pressée. Je n'ai que trois jours devant moi, quatre tout au plus, et... je vous demande de m'aider !
Oh non ! Ses yeux me refont le coup des soucoupes. Si on était dans un dessin animé, je verrais distinctement deux points d'interrogation blancs se dessiner au fond de ses grandes pupilles noires. Bon et bien finalement, je me suis peut-être gourée sur le balisage. Je pousse un soupir et je lance :
- Excusez-moi... Je suis vraiment trop stupide. Je vais vous laisser, et je suis vraiment navrée pour le désordre...
Et pour cacher ma confusion, je me baisse pour commencer à ramasser les cartons étalés sur le sol. Ma déception me trouble et à

peine j'en saisis deux dans les bras qu'ils m'échappent à nouveau, je m'accroupis. Je me sens pitoyable. Je me redresse en reniflant, tentant de maintenir un peu plus solidement les deux cartons échappés et en relevant la tête, je croise le regard de mon petit vendeur, qui n'est plus exorbité du tout, et qui est je dirais même tout à coup très doux et très attentionné.
- Ne pleurez pas Mamzelle... Pourquoi voulez-vous apprendre l'arabe ? Pourquoi mamzelle ?
- Et bien... C'est très important pour moi, c'est presque vital voyez-vous... Je veux partir en Irak pour le boulot, et pour convaincre mon employeur de me laisser partir... enfin...
- En Irak ? Mais pourquoi l'Irak ? C'est pas bien du tout ça mamzelle, non pas bien... trop dangereux... la guerre là-bas... non, c'est pas pour vous... non.

Nouveau mouvement de tête frénétique... mais dans l'autre sens cette fois-ci.
- Si, Monsieur... Au contraire... il le faut, il faut que j'aille là-bas, c'est pour un travail.... important. Je sais qu'une partie de ma vie m'attend là-bas... je l'ai su... euh.... En priant !
J'ai lâché ces deux derniers mots dans un souffle, ce n'était pas tout à fait vrai, mais finalement pas tout à fait faux. Sans dire qu'il s'agissait d'une révélation, mais tout de même, ce projet a commencé à se dessiner devant mes yeux juste après avoir passé quatre heures dans une église et discuté des choix de vie avec un prêtre, alors... *Inch Allah*, c'est le moment de le dire.
- C'est Dieu qui vous a dit d'aller là-bas ?
Vu la question qui vient de m'être posée, je crois que j'ai fait mouche. Quelque-chose me dit de ne pas lâcher le côté religieux de mon

projet.
- En quelque sorte oui... c'est Dieu... C'est un besoin que je ressens là.
Et je désigne mon cœur.

- Mamzelle, alors je vous crois. Vous devez écouter la parole de Dieu... et aussi de votre cœur. Oui. Mais tout de même c'est un grand danger qui vous attend là-bas.
- Je le sais...
- Bon, je vais essayer de vous aider Mamzelle. Enfin pas moi... la famille...
Et là d'un coup, mon petit vendeur craintif reprend son sourire de vendeur de salle de bain, mais avec une touche très douce dans son regard. Il s'appelle Nabil. Sa famille, c'est en fait son beau-frère, le mari de sa sœur aînée, quinze ans plus âgée que lui de ce que j'ai compris.
Visiblement une tronche le beau-frère, vu qu'il enseigne dans le département langues orientales à la Sorbonne, et donne aussi quelques cours en archéologie.
Quelques coups de fils interminables avec sa mère, sa sœur, et puis finalement le fameux beau-frère, et voilà que j'ai rendez-vous ce soir à 19h30, après les cours, avec monsieur Hussein Afzal dans son bureau à la Sorbonne. Je n'apprendrais peut-être pas l'arabe en trois jours, mais cet homme pourra peut-être m'aider.
Il est Irakien.
Balise suivante !

Avant de me rendre à ce nouveau rendez-vous, il est indispensable que je trouve de quoi me changer. C'est vrai que j'ai pris le coup pour

la douche maintenant, et que j'ai pu renouveler ma culotte, mais je traine ce débardeur depuis deux jours, et mon gilet a dû servir de mouchoir une bonne dizaine de fois. Je ne suis pas loin des Puces, je n'ai jamais fait cela, mais je me dis que je vais trouver dans une friperie des vêtements qui seront un peu plus en accord avec mes projets... et laisser de côté pour l'instant le look bobo bon chic bon genre.
Je ne mets pas longtemps pour dénicher deux jeans usés mais avec une très bonne coupe, c'est des Levis. Ok pour l'aventure, mais avec un minimum de style tout de même. Un lot de trois débardeurs en coton dans les coloris, blanc, gris, ficelle. Une chemise blanche passe-partout, et une petite veste cintrée beige en toile de coton, très sympa. Au passage, une paire de lunettes de soleil style aviateur avec les branches métalliques dorées, imitations d'un modèle Ray-Ban, mais à 5 euros. Pour les chaussures, j'ai toujours mes petits escarpins, pour ce soir ça ira. Il faudra également que je songe à acheter des trucs plus... pratiques.

Pour mon entrevue, j'ai revêtu un jean propre et la chemise blanche, j'ai lâché mes cheveux et gardé les lunettes de soleil sur le nez, même dans les couloirs sensés me mener au bureau de monsieur Afzal. En effet, je suis à la Sorbonne, il ne manquerait plus que je tombe sur Consuelo. Il faudrait à nouveau que je fasse des prouesses en improvisation, alors j'espère naïvement que les lunettes et mon nouveau look me donnent l'anonymat nécessaire. Et puis en même temps, je me dis qu'à cette heure-ci, elle est normalement à la maison, alors ce serait vraiment un mauvais coup du sort... Et concernant ce dernier, il m'est plutôt favorable pour l'instant.
Espérons qu'il en sera de même avec mon peut-être futur professeur

de langues orientales version speed dating.
19h30 – Pile à l'heure, je frappe à la porte du bureau :
- Entrez !
Lorsque j'ouvre la porte, un homme de taille moyenne, mais avec une prestance incroyable fait le tour de son bureau et s'avance vers moi pour me serrer la main.
Je suis tout bonnement soufflée...
Les cheveux coupés très courts, atténuant une légère calvitie, les tempes juste éclaircies par quelques cheveux blancs, mon interlocuteur fait facilement dix ans de moins que son âge. Mais ce n'est pas cela qui vient de me clouer sur place, et je suis sûre que je viens de garder la bouche ouverte pendant au moins deux bonnes secondes avant d'arriver à prononcer :
- B... Bonjour professeur.

Non, c'est ses yeux... Il possède deux immenses yeux gris-bleu, peut-être du sang kabyle dans la famille me dis-je, et dont l'intensité tranche avec la douceur de ses traits et son type oriental. En plus, ce regard à la Zinedine Zidane, des immenses cils très noirs, délicatement ourlés, un grain de peau parfait, une barbe de trois jours finement entretenue, et des lunettes discrètes sans monture pour parfaire le look du professeur gravure de mode, qui doit immanquablement avoir un effectif essentiellement féminin dans ses cours.
Lorsqu'il me serre la main, il baisse les yeux, certainement habitué à leur pouvoir ravageur, puis très vite, il me fait signe de m'asseoir sur une des chaises devant son bureau. Bon, je dois vite fait quitter cette attitude de jeune vierge effarouchée et montrer ce que je suis vraiment, une femme sûre d'elle, munie d'un projet ambitieux et

d'une volonté à la hauteur de celui-ci.
- Mademoiselle Galland ?
- Oui c'est cela, je viens de la part de votre beau-frère... Nabil... Je suppose qu'il vous a fait part de ma demande... un peu particulière...
- Oui évidemment... Cette demande, et je ne vous apprendrais rien, est complètement surréaliste mademoiselle. Vous vous doutez bien qu'il ne vous sera pas possible d'apprendre l'arabe en trois jours. Même si mon beau-frère m'a également indiqué le côté... disons... spirituel de votre démarche.
- Oui, Oui... J'espère qu'il n'a pas trop insisté sur cet aspect... Voyez-vous, je n'ai pas la prétention de... enfin... je ne suis pas Jeanne D'arc tout de même.
- Alors pourquoi une demande si impérieuse, je vous le demande ?
- Et bien... Même si je n'en suis pas encore à entendre des voix... j'ai passé beaucoup de temps hier dans une église pour me recueillir suite à des évènements personnels... je dirais... d'un caractère très particulier. Un prêtre est également venu me parler... de choix... de ce que je portais vraiment dans mon cœur... et toutes ces choses.... Voyez-vous, ce qui m'arrive actuellement est très déstabilisant et je sais que si je ne réagis pas, je vais tomber... Vraiment tomber si vous voyez ce que je veux dire.
- Oui... Très bien.
- Alors ce projet... C'est pour ne pas tomber, et aussi... Et bien je ne sais pas... Cela va vous sembler ridicule... Mais je le sens... Je le sens non seulement dans mon cœur, mais également dans la moindre partie de mon corps... Je sais que je dois aller en Irak... que c'est vital... Et c'est certainement très prétentieux... mais bizarrement je pense que ce caractère vital et bien... ce n'est pas uniquement pour moi...

- Je commence à comprendre... mais cela ne change rien au côté impossible de votre demande.
- Oh, ne vous méprenez pas. J'imagine bien que je ne parlerai pas arabe en trois jours, mais peut-être les premiers rudiments, un peu de vocabulaire lié à mon métier de base : je suis architecte. Pouvoir également reconnaître les écritures pour des mots de base nécessaires à un voyageur débutant : hôtel, taxi, téléphone... Et puis aussi un peu de conversation avec les formules de politesses classiques. Ensuite, une fois sur place je me renseignerai pour prendre des cours de perfectionnement. Ma priorité c'est surtout d'en savoir suffisamment pour convaincre mon futur employeur. Et c'est vendredi !
- Bon, je vois... Pour ce qui est du perfectionnement sur place, si vous allez à Bagdad...
- Oui, logiquement...
- Et bien je vous donnerai une adresse... de toute confiance... Pour le reste, c'est bon, vous m'avez presque convaincu, mademoiselle. Normalement je travaille encore une heure avant de rentrer chez moi, je vais vous la consacrer. Ensuite, nous allons fixer divers rendez-vous dans la semaine avant votre fameux entretien. Seulement, il faudra travailler !
- Comptez sur moi !
- Et bien commençons.

L'heure qui s'est écoulée ensuite a été fantastique, je buvais quasiment les paroles de Hussein. Ah, oui, nous sommes rapidement passés aux prénoms, même si pour l'instant le vouvoiement restait de mise. Je m'appliquais du mieux que je pouvais pour répéter ce qu'il me disait, et je me sentais incroyablement à l'aise... Un élément de plus qui me confirmait que j'étais sur la bonne voie, un coup

supplémentaire du destin en somme.
Avant de clore cette première séance, Hussein a reconnu que ma prononciation était très correcte, tout du moins pour les mots simples et eu égard à mon origine occidentale, qui d'ordinaire ne favorise pas vraiment pour la pratique des langues arabes.
Et c'est lui qui spontanément a enchainé sur le sujet qui me brûlait les lèvres et me pesait sur l'estomac depuis le début de l'entretien.
- Et pour les papiers ? Votre passeport je veux dire ?
- J'ai un passeport valide, mais pour ce qui est du visa… Je ne sais pas trop comment m'y prendre, et il me reste peu de temps.
- Donnez-le moi !
- Pardon ?
- Votre passeport... Donnez-le moi !
- Mais... ?
- Je vous obtiendrai un visa. Vous l'aurez, pour notre dernière séance de vendredi matin.
C'est purement providentiel... même si quelque chose me dit qu'il ne faut pas que je pose trop de questions sur le mode d'obtention de ce précieux tampon.
Je porte la main à ma poche avant, en me levant pour pouvoir extirper mon passeport et en même temps je suis prise d'un énorme doute. Je vais confier le seul papier qui atteste de la légalité de ma nouvelle existence à un homme que je ne connais que depuis une heure, et qui va lui même le confier à des personnes qui me sont inconnues, et qui appartiennent à je ne sais quel réseau, ou organisation.
C'est idiot mais instantanément les mots : « terrorisme », « enlèvement », « Ben Laden » me viennent à l'esprit, sans que je puisse l'empêcher. Je me sens à la fois stupide et affolée. Hussein a

dû le remarquer, car perdue dans mes pensées, j'entends vaguement :
- Sibylle ?
-...
- Sibylle ? Qu'avez-vous ?
- Euh... rien... c'est que...
- Vous doutez de moi, n'est-ce pas... ?
- Oh non ! Je n'oserais pas !
- Ne vous faites pas plus stupide que vous n'êtes, Sibylle... Je suis Irakien et je vis en France depuis quinze ans... Je sais parfaitement ce qui vient de traverser vos pensées...
- Pardonnez-moi... Je ne sais pas comment....
- Vous excuser ?
- Oui, exactement.
- Ne vous excusez pas. Votre réaction est pour ainsi dire... normale... par les temps actuels. Rassurez-vous, je ne ferai rien d'illégal avec votre passeport. Mais j'ai mes entrées à l'ambassade... Tout ira bien, faites-moi confiance.

A nouveau ce regard. OK. Je sors mon passeport et je le pose sur son bureau.
Nous nous serrons la main, mon prochain rendez-vous est prévu pour demain matin 7h30, avant le démarrage des cours. Et une autre séance lors de sa pause de midi. Il va tenir sa promesse et faire tout ce qui est en son pouvoir pour me doter d'un maximum de connaissances sur cette langue qui, il y a encore quelques semaines, n'était pour moi qu'un rêve de voyage.

## Chapitre 13
*La fin du chemin ?*

Mardi, mercredi, jeudi... Ces trois jours ont défilé à une vitesse folle. Chaque jour, je passais minimum trois ou quatre heures avec Hussein, au rythme de ses différentes possibilités ; j'avais établi mes quartiers dans un café non loin de la Sorbonne, où je révisais mes leçons en attendant la séance suivante. J'étais même allé à la Fnac pour m'acheter une méthode, différents guides, et des bouquins sur l'Irak, pour apprendre un maximum à la fois concernant l'histoire, les deux dernières guerres ou la situation géopolitique actuelle, dans une papeterie pour me procurer un cahier d'écolier et des stylos afin de m'entraîner à dessiner ces arabesques qui me faisaient rêver.

Je suis retournée au cyber café Latino pour me renseigner plus sérieusement sur l'organisation caritative qui s'occupait du projet, et également pour avoir une idée d'où provenaient leurs fonds. Rapidement, j'identifiais les réseaux de dons habituels issus des particuliers, mais la source principale semblait être de grosses entreprises américaines, sans doute en quête de rédemption, ou bien désireuses de poser les jalons nécessaires lorsque les grands projets de reconstruction se mettraient en branle.

Caritatives oui... mais jusqu'à un certain point. En tout cas, nullement désintéressées si je lisais bien entre les lignes. Cela ne m'étonnait qu'à peine, mais cela ne mettait pas en doute ma détermination, c'est là qu'il fallait que j'aille.

J'ai également effectué les démarches auprès de ma banque pour obtenir une carte de crédit, et demander un chéquier supplémentaire.

J'avais pris la précaution de faire des photocopies de mon passeport au moment où je l'avais laissé à Hussein, et puis je disposais de ce relevé de compte. Ils n'ont pas tiqué lorsque je leur ai donné mon adresse à mon hôtel et non plus au Vésinet. Visiblement les gens sont habitués plus qu'on ne l'imagine aux situations familiales compliquées, ou tout du moins ont autre chose à penser que se poser des questions sur ce que fait Monsieur Machin ou Madame Truc.
Mon adresse allait d'ailleurs certainement changer d'un moment à l'autre, mais je les tiendrai au courant. Normalement, je devrais recevoir le courrier avec le code de ma Master Card avant vendredi.
J'ai aussi trouvé le temps pour aller trainer chez Tati (à deux pas de l'hôtel) pour compléter ma garde robe de globe-trotteuse, acheter un nécessaire de toilette, un sac de voyage, et puis également au Vieux Campeur pour trouver des chaussures, un sac à dos pratique qui ferait office de sac à main et divers trucs.
J'y croyais, j'y croyais, j'y croyais.
J'allais partir, au plus tard ce week-end, il ne pouvait pas en être autrement. J'avais même prévenu le patron de l'hôtel que ma dernière nuit serait samedi ou dimanche... On était devenu super potes tous les deux... Façon de parler pour dire que je lui consacrais minimum vingt minutes par jour de conversation polie, mais jamais ennuyante. Et j'avais découvert qu'il ne s'agissait pas d'un hôtel de passe. Les deux copines de l'autre jour, une femme et un homme en réalité, avaient juste pour habitude de venir taper la discute cinq minutes chaque matin tôt autour d'un petit café avant d'attaquer le boulot... Une ambiance très « village », en somme.
Vendredi – Le jour J
Ma dernière séance avec Hussein ne s'est pas très bien passée, j'étais excitée comme une puce, intenable je dirais. Je regardais sans cesse

ma montre ou par la fenêtre. Au bout de quarante cinq minutes, il a jeté l'éponge, me disant que j'étais prête, au moins au regard des objectifs que nous nous étions fixés, mais je crois qu'il n'avait qu'une envie, c'était de me foutre dehors... et qu'il était aussi impatient que moi de connaître le résultat de mon « examen » de fin d'après-midi.
Comme convenu, juste avant de partir, il m'a rendu mon passeport avec le fameux tampon tant espéré, un post-it à l'intérieur avec deux adresses, une pour les cours de perfectionnement, et une autre d'amis sur lesquels je pourrais compter en cas de nécessité. Ils étaient prévenus. Et puis, aussi, son numéro de portable personnel, et son adresse MSN... On ne sait jamais, m'a-t-il dit.
Ensuite je suis sortie, limite avec un coup de pied aux fesses. En bas de l'escalier, j'ai levé les yeux pour pouvoir lui lancer un dernier regard et lui adresser un signe de la main. J'ai très distinctement vu ses lèvres qui articulaient :
« HAZHAN SAÏDEN! »[1]

C'était il y a juste deux heures, deux heures passées à tourner en rond, à relire mes cahiers, dans un bistrot non loin de la faculté, à commander des cafés, à les laisser refroidir, à me lever, me rasseoir , puis à me décider de me rendre sur les lieux. Marcher, respirer, redresser les épaules, et puis sourire, ne pas oublier de sourire, ne pas oublier d'ouvrir les yeux et de regarder loin. Le plus loin possible.

Dès l'instant où j'arrive dans les bureaux de l'organisation, à l'heure convenue, ma nervosité et mon stress ont disparu. Je sais ce que j'ai à dire, je sais ce que je veux prouver, et plus que tout, j'y crois de

---

1 « Bonne chance », en arabe (ndla)

toutes mes forces.
Mon CV est arrivé comme prévu par mail, je n'avais bien évidemment pas pu le relire, mais je faisais une totale confiance à Lizzie qui m'avait d'ailleurs rappelée deux fois pour se faire confirmer un ou deux détails puis me relire la version finale.
Mrs Dartmoor est une grande femme, âge indéfinissable en raison de ses cheveux tous blancs, coupés courts avec une grande mèche sur le devant, lunettes à montures design, un visage sévère, un peu pincé. Elle me fait penser à Meryl Streep dans le film « Le diable s'habille en Prada », et dès que j'ai opéré ce rapprochement, je ne peux plus m'empêcher de penser qu'elle a immanquablement calqué son look sur ce personnage. Encore mes petits vélos qui tournent à plein régime.
Dans ses paroles, toujours ce ton sec et énergique. Elle était également pile à l'heure mais après m'avoir tout juste saluée, elle ne manque pas de me rappeler qu'elle ne peut m'accorder que quarante cinq minutes, et que cela l'arrangerait si on pouvait solder l'entretien plus rapidement que cela. De toute façon, cela devait être assez vite réglé selon elle, vu qu'ils n'ont actuellement aucun besoin de renfort. Mais eu égard à mon CV, qu'elle a tout de même parcouru avec attention (comme quoi...), elle ne pouvait pas ne pas me recevoir, et surtout elle voulait en savoir un peu plus sur mes motivations qui la laissent, et c'est ses mots, « plutôt dubitative ».
Mon CV a été rédigé en anglais, aussi il me parait naturel que nous poursuivions l'entretien dans cette langue. Mrs Dartmoor acquiesce lorsque je le lui propose, je prends cela pour un bon point. Je consacre dix minutes à redécliner mon CV dans l'ordre chronologique en insistant, pour chaque étape de ma carrière, sur ce qu'a apporté ma contribution à la réussite des projets que j'ai menés,

ce que j'ai appris, les leçons tirées, le tout ponctué d'éléments chiffrés bien factuels qu'apprécient les recruteurs.
En ce qui concerne ma motivation, je ne vais pas lui raconter mes histoires de tripes, de chatouillis ou autre révélation mystique. Quelque chose me dit que ce n'est pas vraiment dans la bonne ligne. J'opte pour un style... euh... plus accrocheur.
Je lui dit simplement que ce qui m'a fait vibrer dans toute ma carrière, ce sont les fois où je me suis mise en danger, et où bien évidemment je m'en suis sortie... que j'ai besoin d'une certaine dose de prise de risques, et que je ne trouverai pas ce que je recherche au sein de mon entreprise actuelle ni dans aucune autre, et que c'est pour cela que je me suis mise en disponibilité pour un congé sabbatique, et que je veux me tourner vers ce type d'action humanitaire, qui de surcroit me permettra d'ajouter une nouvelle corde à mon arc.
Et que de plus j'ai la chance de n'avoir aucune attache et que je suis extrêmement attirée par cette culture, c'est pourquoi j'ai pris sur mon temps pour prendre quelques cours d'arabe, et que je suis convaincue qu'il y a beaucoup de choses à accomplir dans ce pays.
- Oui, Oui... je vois..., me dit-elle, se décidant enfin à rompre le silence interminable qui a bien dû durer cinq bonnes minutes à la fin de mon exposé. Vous avez un profil très intéressant, mademoiselle Galland, je ne peux le nier.
- Et... ?
- Et... je vous confirme que nous allons conserver cette candidature sur le dessus de la pile pour le cas où une opportunité se présenterait.
- Mais, enfin... Cela veut-il dire que ?
- Que c'est non mademoiselle, tout du moins pour ce projet qui semble vous tenir tant à cœur. Un peu trop, je me permettrais d'ajouter.

- Que voulez vous dire ?
- Que votre petit baratin sur la prise de risque et tout ça, ne prend qu'à moitié. Vu votre tempérament, je veux bien croire qu'il y a une part de vérité dans tout cela... Oui je le crois définitivement. Mais je sens également que ce n'est pas la véritable raison.
- Je ne vous suis pas du tout.
- Oh, et moi je crois que si, vous me suivez très bien, au contraire. Vous ne pouvez pas cacher votre extrême sensibilité, même si vous avez de très grandes facultés pour passer au dessus, c'est indéniable, mais j'ai l'impression qu'une raison plus profonde que ce que vous voulez bien avouer vous pousse à aller là-bas, et que derrière cette raison, il y a une souffrance ou une rupture, ou quoi que ce soit du même genre.
- C'est faux ! Je vous assure que...
Je prends quelques secondes pour avaler ma salive et éviter que ma voix ne monte trop dans les aigus, et j'essaye de reprendre plus lentement :
- Il serait vraiment trop dommage que vous me fassiez passer à côté de ce projet sur cette simple supposition.
- ttt...! Ne me coupez pas, mademoiselle ! Encore une fois, nous n'avons besoin de personne de plus sur ce projet, et cette fragilité que vous tentez de cacher. Et bien je ne la sens pas... pas pour mon équipe en tout cas.
- Mais !
- Ecoutez, je vous répète que votre candidature est tout à fait digne d'intérêt, vous n'avez strictement rien à vous reprocher, je vous assure... mais là...
- C'est non.
- Je le regrette oui. Et là, je suis navrée, mais il va falloir que je vous

laisse.
- Très bien !
Je me lève très vite, c'est bon, j'ai envie de partir, je n'ai plus rien à faire ici. Je prends sur moi du mieux que je peux pour soutenir son regard au moment de lui serrer la main, le plus énergiquement possible, même si intérieurement je suis aux abois.

Une fois dehors, je ne pense à rien, je ne veux penser à rien. Je n'arrive pas à croire ce qui vient de se passer. Non je n'y crois pas une seconde. Je rentre à l'hôtel presque en courant, je ne salue même pas Nestor le concierge quand je lui arrache des mains les clés qu'il me tend, je monte les marches quatre à quatre pour me jeter dans ma chambre.
Je me fais l'impression d'une adolescente qui vient de se faire plaquer par le type qu'elle avait pris pour le grand amour. Je n'arrive pas à pleurer, juste à gémir et à sangloter, je voudrais hurler mais je ne le fais pas, il me reste encore un peu de retenue.
Je voudrais me faire mal, ou faire mal à quelqu'un, je tambourine dans cet oreiller et ce matelas trop mous.
Je voudrais une douleur physique, je voudrais saigner pour de vrai, mais ça ne vient pas. Les larmes non plus, seule la morve qui coule de mon nez à nouveau enflé.
Mes yeux me tirent d'être trop secs, le ridicule de mes gémissements sans les larmes me fait mal. J'éprouvais le désir d'être seule, de pleurer tranquillement, de laisser cet épanchement prendre le dessus. Tant que le liquide coule, point de raison de réfléchir à quoi que ce soit, le temps s'écoule à mesure du flot déversé, c'est déjà ça de gagné. Quelques minutes ou quelques heures d'absence sans avoir à rendre des comptes à sa conscience.

Mais là, je n'ai même pas le réconfort du désespoir, malgré mes efforts, malgré mes recherches effectuées sous les oreillers, sous les draps, ou dans les manches de mon gilet.
Je suis obligée de me rendre à l'évidence, je ne vais pas pleurer. Malheureusement ou heureusement, ce n'est pas de la tristesse que je ressens, mais de la rage, de la haine. La haine de cette femme qui m'a refusé mon projet, la haine de cette situation grotesque où toutes les clés me sont données sauf la dernière. Comme si ce destin s'était soudain transformé en une mauvaise camarade. Et je dois l'avouer, je n'ai jamais eu à faire face à ce genre d'échec dans toute ma carrière professionnelle. Mon esprit d'analyse et ma capacité d'adaptabilité m'ont toujours aidée pour identifier l'attitude ou les propos taillés pour chaque situation difficile. Et lorsque je n'y parvenais pas, c'est ma bonne humeur et ma bonne bouille qui venaient à ma rescousse.
Dans le cas présent, tout porte à croire que je n'ai pas réussi à trouver les mots convaincants. J'ai voulu mentir, je le reconnais. Il ne me semblait pas convenable, ni crédible, de parler de foi et d'appel impérieux lors d'un entretien d'embauche, surtout avec une Mrs Dartmoor qui véhiculait autant de mysticisme qu'une cuiller à soupe.
Face à mon échec, je me dois d'admettre que j'ai dû me tromper. Il aurait peut-être mieux valu dire la vérité, mais je crois que je n'arrive pas encore à assumer complètement le côté improbable et risible de mon dédoublement. Le destin dans son impartialité aura sans doute voulu me punir pour mon manque de conviction.
Je réalise que j'ai peu à peu quitté la position de l'autruche, et que j'ai sorti la tête de la profondeur molle des oreillers, pour me redresser légèrement. Je n'ai pourtant pas encore assez de volonté pour abandonner une posture de contrition, je n'ai relevé la tête que pour pouvoir l'appuyer sur mes genoux enserrés dans mes bras.

Je me repasse sans cesse le film de cet entretien qui vient de me démolir. J'essaye de rechercher le détail qui a bien pu m'échapper, je sais que je suis trivialement conforme au comportement féminin de base. Je ressasse, j'analyse, je refais, je cherche les raisons, il n'y a pas une de mes phrases qui ne commence soit par « et si », soit par un juron déplaisant à mon égard. Tout est de ma faute, il ne peut pas en être autrement.

La nuit est tombée, je ne sais plus exactement quand, mais je l'ai vu faire. J'ai vu les ombres s'étirer dans ma chambre, jusqu'à ce qu'une autre plus grande et plus bleue fonde sur les murs et sur mes épaules. J'ai entendu le brouhaha continu de la circulation disparaître pour être remplacé par les rumeurs nocturnes des rues parisiennes. Le bruit métallique d'une canette jetée dans le caniveau, les appels lancés à voix haute d'un bout à l'autre de la rue, et au loin, un crissement de pneus accompagné du boum-boum d'une sono tapageuse.
Et je me suis mise à me souvenir. Par une suite d'associations d'idées dont je ne retrouve plus l'origine, me voilà en train de me repasser un autre film, l'amusante scène de l'achat de mes nouvelles chaussures d'aventurière professionnelle. Je m'étais mise dans l'idée qu'il me fallait des chaussures d'une part plus pratiques que mes escarpins, cela tombait sous le sens, mais également dépourvues de toute féminité, quelque chose de plus robuste, de plus « chantier ». Et je dois le reconnaître, bien que je sache que ce projet se déroulait en ville, il m'était impossible de ne pas associer l'Irak au désert et à une tenue militaire. Je voulais céder au cliché du look baroudeuse, et me payer des chaussures de randonnée. En revanche, cet achat s'est avéré bien plus compliqué et perturbant que je ne l'imaginais.
Je suis donc plantée devant le rayon « montagne » du Vieux

Campeur, avec ni plus ni moins qu'une cinquantaine de modèles différents sous les yeux, triés par catégorie, ou par fonction, chacune accompagnée d'une fiche technique digne d'une revue de mécanique spécialisée qui me laisse perplexe.
Après avoir repoussé par deux fois le jeune vendeur aux mèches ébouriffées et au look de candidat à la Nouvelle Star, je dois me rendre à l'évidence : je ne vais pas pouvoir effectuer ce genre d'achat sans un minimum de conseil. Inutile en effet de dépenser une fortune dans ce type d'équipement de précision, pour me tordre ensuite de douleur en raison d'une collection d'ampoules ou de crampes provoquées par le poids inconsidéré de ces godillots disgracieux.
- Mademoiselle, permettez moi d'insister, mais que recherchez vous exactement ?
- Ben, des chaussures...
C'te bonne blague, ça fait une demi-heure que je regarde fixement le rayon, mais en fait, je dois reconnaître qu'il me faut absolument un sac de couchage.
- Oui... bien sûr... mais quel type exactement ?
- Ben, de randonnée...
De mieux, en mieux... Mais mon petit vendeur ne se laisse pas démonter par mes répliques aussi évasives que sarcastiques.
- Je vois, mais pour que je puisse vous conseiller sur le modèle le mieux adapté à vos besoins, il va falloir que vous m'indiquiez quel type de course vous envisagez de faire ?
- Pardon ?
- Quel type de terrain, sur quel type de chemin allez-vous vous engager ?
- Un chemin difficile.
- Difficile dans quel sens ? Un terrain accidenté, du dénivelé, des

obstacles ?
- Un peu de tout ça je crois...
- Haute ou moyenne montagne ?
- En fait je ne vais pas vraiment faire de la « montagne »...
- Plutôt du trek alors ?
- Excusez-moi ?
- De la marche au plat, beaucoup de cailloux, de l'endurance...
- Aussi, oui...
- On va peut-être alors s'orienter sur un modèle plutôt léger, mais avec une bonne semelle. Savez-vous si vous allez devoir souvent marcher en dévers ?
- Excusez-moi, je suis débutante, vous avez dû vous en rendre compte... Je ne comprends pas tous les termes techniques que vous employez.
- Oui, excusez-moi : par devers, on entend marcher de façon parallèle à la pente, et non face à elle... Vos semelles sont donc en permanence en torsion, du fait de votre position en porte-à-faux.
- Je pense qu'on ne peut pas être plus en porte-à-faux que moi.
- Pardon ?
- Oui... Cela me semble adapté à ce que je vais devoir faire...
- Excusez-moi encore, mais où allez-vous exactement ? Si je savais cela m'aiderait un peu mieux... Je n'ai pas l'impression que votre choix soit bien arrêté sur votre destination...
- Oh si ! Je vous rassure, je sais parfaitement où je veux aller, j'ignore juste la véritable nature du chemin sur lequel je m'engage, ni ce que je vais trouver là-bas.
- Un genre de défi personnel peut-être...
- Oui, peut-être.
Tout à coup, je réalise la nature surréaliste de notre conversation.

Sans nous en rendre compte, nous venons de nous livrer ce petit vendeur et moi au plus parfait des dialogues de sourds. Je le vois s'agiter face à son rayon pour me dégoter trois ou quatre modèles soit disant adaptés à mes besoins, tout en m'abreuvant de tout un tas de détails techniques, et en insistant pour me raconter ses propres expériences sportives extrêmes, sans doute persuadé qu'il vient de trouver une cliente en mal d'aventure, et avide de grands espaces.
Mais la déclivité ou l'aridité ne sont pas d'ailleurs qu'au fond de moi, tout comme ce vide que j'essaie de remplir en essayant des chaussures neuves.
En nouant la deuxième boucle des lacets, je crois bien que je suis finalement en train de l'écouter avec attention. Peut-être même que je lui souris.
Et c'est les yeux remplis de ce voyage intérieur que j'ai quitté cette boutique, sous le regard encourageant de ce garçon aux yeux et aux cheveux délavés. Je balançais ce sac un peu lourd au bout de mon bras, persuadée que mes prochains pas seraient sur ce fameux chemin que nous venions d'évoquer. Mais c'était bien avant que cette Américaine cinglante me toise de son regard et n'anéantisse d'un revers de main tous mes désirs de défi.

Repenser à cette anecdote m'a permis de passer doucement au travers des heures. Je ne saurais dire si je me suis assoupie ou non, mais mon écœurement et mon malaise ne m'ont pas quittée. Les lueurs de l'aube glissent peu à peu sur mon lit et mon corps prostré. Le soleil se décide à se lever et je le regarde faire.

Pour la première fois depuis une semaine, un jour se lève sans que je sache exactement ce que je dois accomplir. Je n'ai plus de projet, il

m'a été volé. Je n'ai plus de solution, elle vient de m'échapper. Vais-je devoir passer le reste de ma vie à errer en cachette dans cette ville, à supporter les non-réponses à ces questions lancinantes, à endurer cette lassitude permanente ?
Cela me semble au dessus de mes forces, et de ce qui l'en reste... Je ne peux retenir les haut-le-cœur qui me viennent à l'idée de vivre face à ce néant.
J'ai horriblement mal, et je ne sais pas comment faire passer cette nausée, mais en même temps, je ne veux pas qu'elle passe, je veux vomir, vomir tout ce désespoir, cette solution que je croyais tenir et qui s'enfuit. J'ouvre la fenêtre, je me penche, je voudrais vomir sur cette rue, sur cette vie que je ne comprends plus, je veux glisser... J'en ai marre... tout simplement.
Lorsque tout à coup..... Flûte ! Mon téléphone !
- Mademoiselle Galland
- Boui...
- Eleanor Dartmoor
- Mad... euh... Mrs D... Dartmoor, que me vaut ?....
- Bon écoutez... Je viens de recevoir à l'instant un e-mail qui change quelque peu la situation... Il y a eu un attentat meurtrier à Bagdad et deux des membres de notre équipe ont été touchés. L'un est dans une situation critique, mais l'autre est décédé... Il s'agissait de mon coordinateur de travaux.
- Ah ?... C'est très..... fâcheux.
- Oui, très... Alors, écoutez, si cet événement n'est pas de nature à vous rebuter, et si vous possédez vraiment cette motivation que vous n'avez pas cessé de clamer... et bien je suis prête à reconsidérer ma position et...
- Je suis prête !

- Vous avez un visa valide si j'ai bien compris ?
- Oui, six mois de validité...
- Très bien. Vos billets vous attendront à l'aéroport, Charles de Gaulle, je précise. Vous partez demain soir.

## Chapitre 14
*Départ*

Ça y est, j'y suis ! Je suis arrivée à Bagdad depuis un peu plus d'une semaine, et c'est à l'occasion d'un instant de calme dans ma chambre, que je me remémore les folles heures qui se sont écoulées depuis ce fameux coup de fil de Mrs Eleanor Dartmoor, auquel je ne croyais bien évidemment plus.

Dès que j'ai eu raccroché ce soir là, mon corps, qui une seconde auparavant se délitait complètement, s'est instantanément tendu comme une brindille. Mes pensées bouillonnaient, je mettais au point plein de choses en simultané. Je tirais mon sac de sous le lit, il était quasiment prêt, avec mon téléphone en position mains libres pour appeler Hussein. Mes mots étaient si embrouillés et ma voix si éraillée, qu'il ne m'a pas reconnue, et quand ça a été enfin le cas, il m'a demandé :

- Êtes-vous heureuse ou non ?
- Oh oui ! Comment ne le serais-je pas ?
- Et bien je sens un peu de confusion dans vos propos, c'est difficile de savoir... Je n'arrive pas à dire si vous riez ou si vous pleurez.
- C'est parce que je fais les deux en même temps !

Et je lui expliquais comment c'était passé l'entretien, comment j'avais commencé à descendre dans le désespoir, et l'incroyable retournement de situation qui avait suivi.

- Le destin semble décidément tracer votre chemin, Sibylle... Je vais finir par vraiment croire à votre histoire d'appel ou de besoin vital.
- Parce que ce n'était pas le cas ?... J'avais pourtant cru que...

- Si, bien sûr d'une certaine manière. Enfin, je vous avais plus comprise que crue à vrai dire... mais à présent j'en viens à me demander, si oui... il ne s'agit pas vraiment... Sibylle... Méfiez-vous de ces forces aux ordres desquelles vous avez choisi de répondre.
- Je vous trouve bien sérieux tout à coup, Hussein, n'essayez pas de m'effrayer... je ne vais pas vous croire !
Mon ton se voulait plus enjoué qu'il ne l'était en réalité.
- Je ne veux pas vous effrayer, mais il y a des choses dans tout cela qui vous dépassent, certainement... et vous vous rendez dans un endroit véritablement dangereux. Sans vouloir gâcher votre enthousiasme. J'ai bien compris la grande part que vous accordiez aux choses spirituelles, alors méfiez vous Sibylle. Tout le monde n'a pas votre candeur, je ne vous apprends rien.
- Non, non... J'essaye de me retenir, mais rien à faire, cette candeur comme vous dites, fait partie de moi.
- Candeur et spiritualité ne s'accordent pas forcément avec manipulations politiques et armes à feu, mais certaines personnes y parviennent très bien, en particulier dans la région dans laquelle vous vous rendez. Ne prenez pas tout cela à la légère Sibylle, surtout si tout s'enchaine un peu trop... facilement.
- Oui, je comprends... Cette facilité me confirme chaque jour que mon choix est le bon, mais en même temps tout va si vite... Je serai prudente Hussein, je vous le promets.
- Tenez-moi au courant en tout cas, et ne perdez pas les adresses que je vous ai confiées.
- Oui, oui, je les ai... Allez ! Souhaitez-moi au moins bon voyage !
- Bon voyage Sibylle, et j'espère à bientôt.
- Oui à bientôt Hussein...
Et j'ai raccroché. Je suis restée un instant sans bouger, le téléphone

dans la main. Tout ce qu'il venait de me dire, ma conscience me l'avait bien évidemment déjà suggéré, mais je n'avais pas encore pris le temps de l'écouter. J'ai secoué la tête, j'avais encore un milliard de choses à faire, et j'aurai bien le temps dans l'avion pour reprendre ces réflexions passionnantes.
Je suis ensuite descendue dans un bruit de cavalcade prévenir Nestor, qui en réalité s'appelait André, ou plus précisément Dédé. En apprenant la nouvelle, il s'est mis à marmonner plus que jamais, et je voyais bien qu'il se trémoussait bizarrement tout en prononçant un tas de recommandations de prudence. Il voulait me donner quelque-chose, cela ne me faisait aucun doute. Il était visiblement au supplice, je n'ai pas pu m'empêcher de venir à son secours, tant pis si je me gourais :
- Auriez-vous quelque chose pour moi, Dédé ?
Mon petit doigt me dit que...
- Ah non !? ... euh enfin si... Attendez !
Il s'est baissé, a fait semblant de fouiller derrière son comptoir, puis a attrapé un petit paquet qui dépassait déjà de tout un tas de feuilles et de factures mélangées... Il me l'a tendu en me demandant d'un signe de tête de l'ouvrir immédiatement, et tandis que je m'appliquais à enlever tous les morceaux de scotch qu'il avait tenu à mettre sur le papier cadeau, il a expliqué :
- Vous verrez... C'est à cause du voyage que vous allez faire, c'est aussi une histoire de voyage, un autre voyage un peu spécial... Et puis c'est un souvenir de notre première rencontre alors, je me suis dit... enfin... si vous avez moyen de le regarder là-bas... et bien... peut-être que vous repenserez au vieux Dédé...
C'est plus qu'un autre voyage en fait... Un itinéraire... Je tiens à présent un DVD dans les mains, et c'est... « Itinéraire d'un enfant

gâté ».
Je n'ai pu empêcher le flot d'émotion qui m'a submergé.
- C'est si gentil Dédé, trop gentil ! Bien sûr que je penserai à vous.
Et sans réfléchir, je me suis jeté dans ses bras pour l'embrasser... Au début il a été surpris, il a bredouillé, il gardait ses bras raidis le long de son corps... et puis finalement, il est arrivé à en lever un, pour me frotter très doucement le haut du dos. C'est moi qui l'ai repoussé en reniflant, je me suis retournée très vite pour remonter dans ma chambre, et par dessus mon épaule je lui ai dit :
- Je viendrai vous dire au revoir demain matin.
Et je suis remonté en courant. Oui, j'étais heureuse de partir, mais ce départ impliquait des adieux. Mais ce que me coûtait de quitter ces gens que je côtoyais depuis moins d'une semaine, me permettait d'oublier la blessure ouverte par l'abandon des quatre personnes qui composent ma vie. Je m'obligeais à ne pas prendre le temps d'y penser, ou alors de penser à uniquement à Sibylle, à l'autre, à moi qui restait auprès d'eux, et qui ne les quittait pas.
C'est pour cela aussi que je n'ai pas appelé Lizzie pour la prévenir... Je lui ai juste laissé un SMS lui indiquant que j'avais récupéré le CV, qu'il était parfait, et que je la tiendrai au courant le moment venu. En effet, j'allais, ou plutôt l'autre, allait envoyer des notes ou des rapports d'ordre professionnel dans les prochains jours ou semaines, dont Lizzie serait obligatoirement destinataire.
Alors je ne pouvais pas être en même temps en Irak, en train de jouer dans « Urgences » version « Tempête du désert ».
Auprès de mes collègues ou amis, elle ne vendrait pas la mèche... Par contre, elle pourrait être tentée de me poser discrètement des questions sur MSN, ou pire, à l'occasion de l'une de mes visites à Philadelphie. Mais, cela ne m'inquiétait qu'à moitié car ce désir de

départ, je le portais au fond de moi depuis longtemps, évènements bizarroïdes ou pas, et en cas... Sibylle serait à nouveau soufflée par les dons de clairvoyance de Lizzie. Cela créerait sans doute un quiproquo, mais sans conséquence puisque chacune serait persuadée que l'autre se moquait gentiment d'elle, ou avait finalement changé d'avis. Donc, silence radio de ce côté là.

Ensuite, mon arrivée à l'aéroport.
Il s'est produit là-bas un incident qui n'est peut-être pas si anodin que cela. Au moment de passer les contrôles, le portillon s'est mis à sonner, pourtant j'avais bien posé téléphone, ceinture, Ipod.
Mais rien à faire, ça sonnait.
L'employée de sécurité a désigné mes chaussures, et vu le nombre de fois où j'ai été obligée de franchir ces fichus portillons pieds nus ou en collant, je n'étais pas surprise. Par habitude je m'apprêtais à quitter mes escarpins d'un geste du pied, sauf que là ça ne marchait pas, j'avais au pied ces fameuses chaussures type randonnée, qui me prenaient au bas mot cinq bonnes minutes chacune, à délacer et relacer.
Et zut ! Encore un moyen de se faire remarquer. Tout en me rappelant l'anecdote qui avait accompagné leur achat, je ne savais pas encore que je n'étais pas au bout de mes peines. Parce qu'en effet, après les dix minutes requises, lorsque j'ai enfin posé mes élégants godillots sur le tapis, rien à faire je faisais toujours sonner. Même le détecteur portatif qu'ils font parfois passer sur le corps des voyageurs semblait affolé, ça commençait à grogner dans la queue derrière moi. J'ai donc eu le droit à la fouille traditionnelle, rien ne valant une bonne palpation quand l'électronique ne veut pas répondre. J'ai alors levé docilement les bras et j'ai regardé fixement devant moi, affectant

une mise résignée, de celle qu'on prend au moment de subir un examen médical douloureux et embarrassant. La jeune fille de la sécurité a fait son boulot mécaniquement, elle avait certainement prévu de ne pas m'adresser plus qu'un signe de tête, mais les deux décharges d'électricité statique qu'elle s'est prise en me touchant ont eu raison de son professionnalisme, elle n'a pas pu s'empêcher de pousser deux cris de douleur ni de me lancer deux regards de reproche. J'ai juste murmuré que j'étais désolée, et j'ai pu enfin passer le poste de sécurité.
En relaçant mes chaussures, je ne pouvais m'empêcher de penser aux phénomènes que j'avais vécu lorsque j'étais retournée dans ma chambre à la maison, et à toutes les petites bizarreries électriques qui s'étaient produites à côté de Sibylle. Une petite voix me soufflait que j'étais encore loin d'avoir identifié la véritable nature de mon corps, et rejoignant la file d'attente pour l'embarquement, je tentais de ne pas me laisser submerger par une inquiétude supplémentaire dont je n'avais pas besoin. Étrangère dans ma maison, et dans ma ville, je voulais éviter de me sentir étrangère dans mon propre corps, même si j'ignorais encore exactement à quoi je devais son existence.

Le voyage s'est ensuite passé quasiment sans encombre, si j'exclus le fait qu'il y avait derrière moi un type obèse et renfrogné, qui a refusé que j'allonge mon siège pendant toute la durée du vol. Quand on connait le confort d'un avion en classe tourisme, et que l'on a le dos dans mon état... Dire que j'en ai chié est un doux euphémisme.
Mis à part ça, tout s'est enchaîné à merveille : le départ, les correspondances, l'arrivée, pas un seul retard, et pas une seule emmerde avec mes bagages. Donc ça s'annonçait plutôt pas mal.
Dans la précipitation qui avait accompagné mon départ, je réalisais

que je n'avais pas eu le temps de réfléchir ou d'imaginer quelles seraient pour moi les premières images de l'Irak. Aurais-je pu poser un adjectif ou une couleur sur mes pensées ? Je l'ignore. C'est pourquoi je ne me souviens pas avoir été surprise lorsque cette étendue terreuse s'est révélée dans mon hublot, avec un ciel et un sol si plat qu'ils se perdaient dans les limites imprécises de l'horizon. Seuls les contours de la ville et la ligne tracée par le fleuve ajoutaient un semblant de volume dans ce paysage que, bizarrement, j'avais déjà envie d'aimer.

Avant de poser mon premier pas dehors, les dernières paroles d'Hussein me sont revenues en tête : « La chaleur, Sibylle, un poids brûlant qui va vous couper le souffle. Jamais vous n'oublierez votre première bouffée d'air sur le sol irakien. Je peux vous l'assurer ».
A l'ouverture des portes, impossible de reculer, de toute façon je n'en n'avais pas l'intention. Tout s'est passé comme prévu : la chaleur poignante s'est abattue sur mes épaules, et je n'ai pas retenu mon souffle pour autant. Il y avait tant de symboles associés à cette chaleur.

Premier pas, premier regard, première inspiration… Que j'ai été fière de me tenir debout à cet endroit ! J'ai décollé mes cheveux de ma nuque déjà mouillée pour les nouer en un chignon rapide, et j'ai commencé à chercher du regard la personne chargée de me récupérer.

C'est M. Sémir Ferouz qui est venu me chercher à l'aéroport. Sémir Férouz est le responsable du projet, et futur directeur de l'hôpital que nous sommes chargés soit disant de réhabiliter, ou plus

objectivement... carrément de reconstruire. C'est un ancien chirurgien, d'origine égyptienne par ses parents, mais qui a vécu en Irak depuis sa toute petite enfance. J'ai compris rapidement qu'il ne fallait pas que je pose trop de questions sur les raisons qui ont poussé ses parents à venir dans ce pays. Du reste, je n'ai pas très envie non plus que l'on s'intéresse de trop près aux miennes. Et je dois dire que ce doit être une caractéristique commune à tous les exilés qui composent l'équipe, ou même des personnes que j'ai croisées ici. Ce pays ou cette ville doivent faire partie de ces endroits du monde où les gens « sans passé » trouvent leur compte. J'ajouterais peut-être aussi ceux « sans avenir », mais il est certainement encore un peu tôt pour prononcer un tel jugement.
Pour en revenir à M. Férouz, il m'a bien évidemment reconnue dès mon arrivée... Mrs Dartmoor a dû lui faire une bonne description, et puis il faut le reconnaître, avec mes cheveux blonds et ma dégaine de touriste un peu paumée, on ne pouvait pas me louper. C'est donc lui qui s'est avancé vers moi en se présentant :
- Mademoiselle Galland ?
- Oui, c'est moi...
- Bienvenue à Bagdad, mademoiselle, je m'appelle Sémir Férouz, mais appelez moi Sémir... Je suis le responsable du projet et je suis venu pour vous accueillir, et vous emmener à votre hébergement... C'est une sorte de, comment dire... maison d'hôtes, tenue par une famille très respectable, nous avons fait toutes les démarches pour qu'ils puissent vous accueillir. Vous y serez très bien vous verrez.
- Parfait... Je vous suis, Monsieur Férouz !
- Sémir. S'il vous plait.
- Dans ce cas il faudra m'appeler Sibylle.
- Sibylle... Pas de problème. Avez-vous fait bon voyage ?

- Oui parfait...
Petit mensonge de politesse, je n'ai pas vraiment eu envie que mes premières paroles soient pour me plaindre.
- J'espère que mon anglais est compréhensible. Vos collègues américains ont tous eu du mal à s'y faire au début. Mais Mrs Dartmoor m'a également dit que vous parliez notre langue ?
- Votre anglais est parfait. En tout cas, très compréhensible pour moi, je vous rassure. Les accents ne m'ont jamais gênée pour la compréhension... Pour ce qui est de l'arabe, je connais effectivement quelques rudiments, mais je ne suis pas toujours sûre de ma prononciation.
Pour illustrer mes propos, je me suis présentée à nouveau, mais en arabe, en ajoutant que j'avais encore beaucoup à apprendre. Puis j'ai enchainé tout de suite en anglais, en précisant que pour l'instant je ne pouvais guère en dire plus, mais que je souhaitais continuer à prendre des cours, j'avais une adresse pour cela.
- Parfait, parfait. Votre prononciation est effectivement occidentale, mais très compréhensible également. Pour des cours, je pourrai également vous renseigner, il y a des choses de prévues avec le consulat. Mais suivez-moi, un taxi nous attend. Le trajet n'est pas long en distance, mais il y a trois check-points à passer... Cela va prendre un peu de temps. Nous en profiterons pour bavarder et faire connaissance. Juste une recommandation : si on vous pose une question, pour l'instant, laissez-moi répondre.
J'ai acquiescé d'un signe de tête, et j'ai suivi docilement mon hôte, tâchant de ne pas perdre un seul mot de tout son discours, qui s'annonçait très intéressant mais aussi très long.
Pour compléter ma description de ce tout premier membre de l'équipe dont je faisais connaissance, j'insisterais surtout sur son

visage. Les cheveux noirs bien sûr, légèrement bouclés mais plaqués sur son crâne, des lunettes à grosse monture noire, une moustache et une barbe taillée court sur des joues très rondes. Si rondes que cela donne à son visage une forme amusante de poire. Et si on ajoute un sourire permanent, et si grand qu'il rejoint presque ses deux oreilles, M. Férouz, ou plutôt Sémir, m'a fait instantanément penser au chat d'Alice au pays des Merveilles. Sa manière très posée de parler l'anglais ne faisait que renforcer la ressemblance.

Une fois de plus, j'ai l'impression d'être passée de l'autre côté du miroir.
Très vite, j'ai compris pourquoi Sémir a tenu à venir m'accueillir en personne.
Déjà, pour avoir le privilège d'être le premier à faire ma connaissance, vu les éloges prononcés à mon sujet par Mrs Dartmoor, et dont il n'a pas manqué de me faire part. Quand je repense à la manière dont elle m'a rabattu mon caquet lors de l'entretien. Je me dis que cette femme doit être adepte du compliment par derrière et de la critique de face, mais je me suis bien gardée de faire quoi que ce soit comme commentaire.
Ensuite, j'ai deviné très vite qu'une fois qu'il m'aurait déposée à mon hébergement, il se précipiterait sur le chantier pour faire son topo à l'équipe. Nous étions dimanche, la semaine de travail avait repris depuis la veille, et tout le monde était sur le pont depuis tôt le matin.
En plus de vouloir satisfaire sa curiosité, Sémir souhaitait avant tout me donner sa propre description de chacun des membres de l'équipe, et bien évidemment de la situation actuelle, vu que je venais remplacer un des membres les plus importants, disparu pas plus tard que le vendredi. Je dis « disparu », car ni Sémir, ni aucun membre de

l'équipe, excepté Mrs Dartmoor au téléphone le jour de l'incident, ne prononceront jamais le mot « mort » ou « décédé ». En tout cas, pas devant moi. Il y a visiblement autour des circonstances de cet attentat une espèce d'omerta dans laquelle chacun se réfugie. J'ai entendu parler d'une bombe, dans un restaurant. L'attentat a été meurtrier puisqu'il y a eu trois morts (ou quatre, si je compte Al, mon fameux prédécesseur...) et de nombreux blessés dont Sahid, l'assistant d'Al, qui se trouve toujours dans un état critique à l'hôpital militaire de la base américaine.

J'en viens à penser qu'Al a dû être affreusement mutilé dans l'explosion, que cela a peut-être gravement choqué les témoins et que pour le maintien du moral ou de la cohésion de l'équipe, personne ne veut donner de détails sur la chose. Le terme « disparition » est sans doute plus confortable pour les conversations quotidiennes autour du café. Certainement plus confortable que ces autres informations qu'il m'a semblé percevoir derrière une porte, étouffées par une cloison. Dans les bribes brutalement inaudibles dès que ma présence est pressentie, quelques mots se sont accrochés à mes antennes : armes, trafic, messages trouvés... Rumeur ou vérité, explications ou sensations ? Je refuse d'avoir peur. Au bout d'une semaine, je ne sais toujours pas quelle supposition est la bonne et j'ai même pris la décision ne plus aborder le sujet moi-même, tout du moins pour un temps. J'ai déjà fait des remplacements, ou vécu des parachutages en cours de projet dans ma carrière, mais remplacer un mort, qui plus est, aussi charismatique qu'Al, et dans un contexte qui demeure un contexte de guerre, aux antipodes de mes bureaux feutrés, reste une épreuve qui me marquera sans doute profondément, peut-être plus que je ne peux l'imaginer.

Sémir n'a pas manqué d'insister sur le fait que Al avait parfaitement pris en main son sujet, que le chantier tournait comme une horloge jusqu'à sa « disparition », qu'il avait parfaitement su y faire avec l'équipe et les entreprises locales. Encore une qualité de plus au crédit de ce fameux Al, et j'allais me pisser dessus d'angoisse... Déjà que de croiser des militaires armés jusqu'aux dents à chaque check-point, sans compter les camions militaires, les engins militaires, les décombres, les fumées... Et le taxi qui conduisait comme un taré avec la musique à fond. Tous mes voyants internes sont passés de l'orange clair au rouge foncé et si je n'ai pas maudit mon stupide instinct au moins cinquante fois depuis que je suis montée dans cette voiture...

Sémir a fini par ajouter qu'il se doutait bien que je n'allais pas être opérationnelle instantanément, et certainement pas dans le même style d'Al. Mais que je pourrai largement compter sur Lino le responsable du chantier, et sur chacun des différents assistants locaux pour tous les aspects « terrain ».

En revanche il comptait bien sur mon expérience et sur mes compétences pour faire une revue critique de toute la partie conception, ou ingénierie, en particulier pour les blocs opératoires, et toute la zone stérile de l'hôpital. Il a l'impression que tout ce qui concerne les fluides, et la clim n'ont pas été regardés de très près, et que dans un autre registre, tout le second œuvre - cloisons, sols,...- est à revoir. Si en plus j'avais des solutions pour pouvoir ensuite récupérer du matériel médical d'occasion...

Tout cela m'a un peu rassuré : c'est effectivement tout à fait dans mes cordes. Mais si pour la partie technique, j'ai quelque chose à apporter à l'équipe, il y a le plus important : il va falloir que je fasse mon trou, et c'est pourquoi la petite description préliminaire des membres de l'équipe, faite par Sémir, m'intéressait au plus au point.

Pour commencer, le fameux Lino, le chef de chantier, et occasionnellement dessinateur à la planche pour quelques éventuels plans. Mais il va falloir que j'apprenne à me passer de ce genre de documents, que de toute faon personne ne regarde. Les travaux se pilotent à vue, et les décisions se prennent dans la seconde, au mieux sur des croquis vite tracés. Lino, je le comprendrais assez vite, est certainement le véritable chef de l'équipe, d'origine italo-américaine, un look de docker et un âge indéfinissable, mais certainement assez proche des soixante tout au plus, ou alors moins... A vrai dire, il a soi-disant fait tellement de choses que cela semble difficilement « casable » dans une seule vie.
Ancien sous-marinier, il a été de tous les conflits contemporains... Aucune précision ne m'a été donnée sur son niveau d'implication en temps de guerre, mais le reflet métallique de ses yeux a pu être parfaitement en accord avec un job de mercenaire en Ouganda... A côté de cela, un côté blagueur, et malicieux qui m'a tout de suite plu, même si je me demande s'il est vraiment toujours franc du collier, mais... quelle importance après tout.
Lui, l'ambiance de guerre, les conditions difficiles, c'est sa raison de vivre. Il me fait vraiment penser à ces portraits de vieux marins pêcheurs au visage marqué par le soleil et les embruns. Il ne fume pas la pipe, et c'est dommage, car cela aurait complété le portrait à la perfection. Habitué à se faire respecter et entendre, il excelle vraiment dans la direction de chantier, et il parle couramment arabe, pour de vrai lui. Il connait certainement aussi tout un tas de dialectes africains. Enfin, pour en savoir plus, il va falloir que je sacrifie une longue soirée, et que je tienne le coup face à deux ou trois bouteilles de Jack Daniels. Mais je me suis promis de le faire, et assez vite. Je

sais que la tenue de l'alcool est un très bon passeport pour l'intégration dans ce genre de situation, et il ne va pas falloir trainer pour montrer de quoi je suis capable. Hum...

Ensuite vient Ted, qui fait office d'économiste, et s'occupe de la gestion du budget mis à disposition par le généreux donateur. A ses heures perdues il s'occupe également de notre matériel informatique et fait des merveilles pour nous maintenir des connexions internet à peu près potables. Pour ces derniers points, il est également aidé de Mourad, un jeune de dix huit ans à peine, mais qui a attrapé le virus de l'informatique en trainant autour de lui, et en sait déjà largement plus en six mois que moi en toute une vie. On ne choisit pas forcément ses dons. Ted, avec sa barbe en bataille, ses dread locks nouées en queue de cheval, et ses habits informes, a le parfait look de l'alter mondialiste qui s'assume. Visiblement habitué de ce genre de chantier ou d'action, il n'a fait que de l'humanitaire depuis la fin de ses études, un vague diplôme en biologie je crois.

Toute la partie passation de marché avec les entreprises locales est gérée par Sémir qui, plus gestionnaire que chirurgien depuis longtemps, se prépare déjà à sa future fonction de directeur.

Pour finir l'équipe, Faissal et Nabila tous deux médecins, Nabila est spécialisée en obstétrique, deux jeunes de tout juste trente ans incroyablement volontaires et investis dans le développement de leur pays. La guerre, ils connaissent depuis leur plus jeune âge, et ils ont tous les deux vu leur famille décimée, soit du temps de la dictature, soit à cause des bombes américaines. Ils ont suivi leurs études en Syrie, et ont la tête plutôt bien faite, en tout cas prêts à avaler quelques couleuvres en bossant dans une équipe occidentale, en sachant que les véritables utilisateurs finaux de l'hôpital ce sera eux. Ils aident pour tout un tas de tâches, que ce soit du suivi de travaux, donner leur avis sur des aménagements, et assurent également comme ils le peuvent quelques consultations et vaccinations dans l'aile à peu près viable du bâtiment.

Sémir m'a en outre expliqué que le chantier se situait en dehors de la zone verte, mais que tout était prévu pour notre protection. Il m'a néanmoins interrogée, a voulu se rassurer et savoir si ce détail pouvait remettre en cause mon choix. Ne connaissant de ma nouvelle situation que la profondeur de ma détermination, et n'ayant que de vagues connaissances au sujet de cette fameuse zone protégée, je sais que je ne mens pas lorsque je lui ai affirmé que cela ne me dérangeait en rien. A cet instant je ne pense qu'à mon travail, et à cette équipe qu'il va me falloir apprivoiser, le reste me semble parfaitement secondaire.

Après pratiquement deux heures de trajet, et un temps incalculable d'attente aux différents check-points, nous sommes enfin arrivés à destination. J'ai laissé tomber mes sacs devant la lourde porte en bois avec un soupir de soulagement. Sémir a saisi le heurtoir et a frappé par trois fois. La porte s'est ouverte et j'ai découvert mes futurs hôtes, un couple dont les visages expriment douceur et bonté. S'en sont venues les interminables salutations, formules de politesses échangées au sujet de la santé, de la famille, du travail, puis Sémir a demandé de la manière la plus délicate qui soit, la permission d'entrer.
Elle nous est accordée avec force messages de bienvenue et de

politesse. Sémir m'a aidée à monter mes bagages dans ma chambre, et m'a traduit les différentes explications de Soraya pour la douche, le linge, les repas. Ensuite il m'a invité à me reposer pour aujourd'hui, il viendrait me chercher le lendemain matin à 8h00.

Mon nouveau travail allait commencer.
En m'affalant les bras en croix sur mon lit, bien ferme celui-ci, je me souviens avoir soufflé un seul mot : « merci ! ».

## Chapitre 15
*Liam*

Peu à peu je trouve mon rythme, je prends mes repères. Les premiers jours se sont plutôt bien passés, même si mes différents collaborateurs ont semblé sur la réserve, en tout cas en mode « observation » largement affiché, excepté Sémir, avec son éternel sourire et son affabilité. En plus de l'équipe, il m'a présentée aux différents assistants locaux qui gravitent autour, aux entreprises, toujours sous l'œil avisé de Lino, qui me regarde en coin dès qu'il me voit sur le chantier, également aux autorités locales, et aux différents gradés américains responsables des troupes qui assurent la « sécurité » du chantier.
A présent je commence à me faire à la vision quasi permanente d'armes de guerre, à la conduite très approximative des taxis, au couvre-feu quotidien, aux bruits des coups de feu plus ou moins lointains, mais suffisamment proches. A tel point que je ne me souviens pas avoir fait un seul trajet à pied sans me sentir obligée de me baisser, de m'accroupir, ou de patienter un instant avant d'avancer plus loin. Épisodes dont je ne me vante guère, puisque normalement nous ne sommes pas vraiment censés « trainer » dans la ville, du moins sans un solide accompagnement, et que la sécurité s'est bien évidemment renforcée depuis l'incident qui a provoqué la disparition d'Al.
Oui, moi aussi j'emploie ce mot, en attendant mieux, ou d'en savoir plus, car j'en saurai plus un jour, j'en suis convaincue.

Je tache de communiquer ma bonne humeur du mieux que je peux, en m'attachant à saluer tout le monde, sans exception, chaque matin, et grâce aux anecdotes amusantes que je ne manque pas de raconter au sujet des différentes gaffes quotidiennes auprès de mes hôtes, en raison de ma mauvaise prononciation. Je mets un frêle point d'honneur à parler arabe, au moins avec eux, dans un premier temps.
Et puis je ne rechigne pas non plus devant les soirées clopes et discute qui sont organisées régulièrement avec Lino, Ted, parfois Faissal ou Mourad, et un ou deux boys de la troupe postée non loin de nos bungalows de chantier. Je possède, je pense, quelques compétences question picole, et pour ce qui est de fumer tout un tas de trucs bizarres, je fais poliment illusion.
Au bout de quelques jours tout le monde m'a appelée Sibylle, y compris les Irakiens. Mon arabe progresse de jour en jour, sans avoir pris la peine de me renseigner pour les cours, par manque de temps tout simplement. J'ai des choses à rattraper, et j'emmène chaque soir dans ma chambre des dossiers ou des plans à potasser, puisque je ne peux pas rester aux bungalows, couvre-feu oblige.
Chaque matin nous effectuons un petit briefing pour organiser la journée et répartir les tâches, en plus de la gestion des différents imprévus. Par habitude, nous ne nous installons pas dans la salle de réunion mais dans le grand bureau de Lino et Ted où on a casé également toute la bureautique : serveur, fax, photocopieur... Même si tout date de la précédente révolution, le matériel est robuste et adapté aux conditions difficiles : chaleur plus une quantité phénoménale de poussière. Le matos est en plus quotidiennement bichonné par Ted et Mourad.
Moi, invariablement, je m'installe sur un bureau, les jambes ballottantes et mon cahier sur lequel je note absolument tout, sur les

genoux. Ted reste assis derrière ses écrans, j'ai trouvé cela choquant au début, car il garde toujours un œil rivé sur eux, et il n'est pas rare de l'entendre pianoter sur son clavier alors que je suis en train d'insister sur un point particulièrement important. Mais il m'a plusieurs fois prouvé par ses remarques pertinentes, et sa spontanéité de réponse à mes questions, que son attention est maximale, alors je ne m'en offusque plus. Lino, reste debout, appuyé contre le chambranle de la porte, j'essaye de ne pas faire attention à son air bougon, il déteste les réunions, et ce n'est pas dû à moi, c'était apparemment aussi le cas du temps de « perfect-man » (surnom que j'ai donné à Al dans mes réflexions personnelles).
Sémir s'installe au bureau de Lino, les mains bien à plat devant lui, il nous rapporte les différentes doléances quotidiennes des administrations, autorités locales, nous informe du statut des négociations en cours, et également des contraintes auxquelles nous devons nous adapter vis-à-vis de l'armée : mise en place ou déplacement de certains check-points, modifications dans les horaires des couvre-feux, ou dans les jours de congés des équipes pour raison religieuse, et tout ce qui peut affecter le fonctionnement ou les accès au chantier.
Faissal et Nabila, toujours ensemble, chacun sur une chaise, prennent consciencieusement des notes et interviennent chaque fois que nécessaire.

Le point important du jour est qu'il est nécessaire de mettre la priorité plutôt sur les réseaux enterrés extérieurs, et par conséquent mettre en stand-by l'avancement sur l'aile Ouest, dont il me faut revoir tout l'aménagement avec Faissal et Nabila. Cela concerne toute la partie affectée aux urgences, pour moi cela ne fonctionne pas : les

flux sont établis en dépit du bon sens, et l'espace réservé est beaucoup trop petit eu égard aux besoins dans ce type de ville.
Alors forcément, le fonctionnement du chantier s'en trouve un peu bouleversé avec tout un tas de choses à réorganiser avec Lino, qui s'est d'ailleurs montré très compréhensif : j'ai préparé le terrain la veille au soir, et j'ai un peu mal aux cheveux ce matin.
La réunion a duré presque une heure et demi de plus que d'habitude, et c'est vraiment crevée que je rejoins mon minuscule bureau, avec un gobelet frémissant d'aspirine effervescente pour tenter de faire passer cette satanée migraine.
Je suis en pleine réflexion au moment où je balance mon cahier au milieu du fatras confortable de ma table de travail et je n'ai donc pas remarqué qu'il y avait déjà quelqu'un assis derrière mon bureau.
Un homme. Il se redresse en toussotant pour me sortir de mes pensées, provoquant chez moi un petit cri de surprise, et la chute de mon gobelet sur mes chaussures, dont le contenu a évidemment éclaboussé tout un tas de papiers et mon PC portable. Si j'avais voulu le faire exprès, je ne me serais pas mieux débrouillée.
- Pardon, excusez-moi, je vous ai surprise ! Je me présente : Liam O'Calahan, je représente l'organisation, et plus précisément le principal investisseur.
- Sibylle Galland, je marmonne, en levant à peine les yeux, occupée à éponger au plus vite mes bêtises avec le chèche que j'ai déroulé de mon cou.
- Oui, je connais votre nom, on n'entend que celui-ci lorsqu'on arrive dans les bungalows...
J'arrête mon petit ménage, car je viens de tendre l'oreille à cette remarque que mon cœur d'artichaut prend bien évidemment pour un compliment.

- Vraiment ?, dis-je, avec certainement l'œil brillant et un sourire jusqu'aux oreilles.
- Je ne vous ai pas dit que c'était en bien...
Je me renfrogne d'un seul coup. Silence.
- Oh, je vous ai vexée visiblement ! Pardonnez-moi, je vous taquine... En fait, c'est surtout Mrs Dartmoor qui m'a parlé de vous, et de votre motivation... disons... exacerbée, et puis bien sûr notre cher Sémir.
- Notre ?
- Oui... En fait, je connais tout le monde ici, depuis le début. Considérez-moi comme le clone d'Eléanor, mais sur le terrain... où vous ne la verrez jamais d'ailleurs...

M'étonne pas !... me dis-je à moi-même.
- Excusez-moi, je n'en suis pas encore à appeler Mrs Dartmoor par son prénom ?
- Je m'en doute bien.
J'ignore pourquoi, mais je suis tentée, et c'est plus fort que moi, de me sentir visée ou vexée par chacune des remarques que prononce cet homme. Cette sensation m'en rappelle vaguement une autre, sans que j'arrive à définir quoi, mais en tout cas je ne peux m'empêcher de placer une touche d'insolence dans ma réponse. Même si je sais que je vais m'attirer des ennuis.
- Et je peux savoir ce que vous faisiez dans mon bureau... Monsieur...?
- O'Calahan, je me suis présenté lorsque vous êtes entrée dans « votre » bureau, ou plutôt dans le bureau de ce cher Al, que vous avez récupéré.

Et pan ! Bon, ça c'est dit. Et tu en as encore beaucoup dans ta besace, des remarques charmantes comme ça mon bonhomme...?
- J'ai tout simplement pris le bureau que l'on m'a donné, et si vous voulez insinuer que je ne suis pas à ma place...
- Je n'ai pas dis cela ! Voulez-vous arrêter de prendre chacune de mes remarques pour vous, Miss Galland... Je ne vous agressai pas que je sache.

Il m'agace, il m'agace.... Vite ! Il faut que je me calme ou je vais me mettre à hurler. Punaise, mais où sont passées ma zénitude et ma bonne humeur tout à coup...??
Je bredouille :
- Non, non.... bien sûr...
- Bon écoutez, j'ai été absent pendant plus d'un mois, et j'ai besoin de reporting. En plus, j'ai cru comprendre qu'il y avait du retard. Donc bien évidemment ce ne sont pas des informations que j'aime entendre. Pouvez-vous me préparer un rapport sur le sujet ? Je vous laisse royalement jusqu'à 17h00.

Grrr...
- Oui, bien sûr, Monsieur O'Calahan, vous l'aurez sans faute.
Et même une heure plus tôt je pense, me dis-je en me mettant au défi, pour pouvoir en jeter plein la vue à Monsieur « Je me crois tout permis ».
- Appelez-moi Liam, je vous en prie... Je suppose que je peux vous appeler Sibylle ?
- Euh... oui... vous pouvez.
- Très bien chef ! Je vous laisse travailler alors...

- Par contre je vous demanderais de ne pas m'appeler « chef », je déteste ça.
- C'est pourtant ce que vous êtes ici non ? Mais je le note... A tout à l'heure...
Et il ajoute : « Chef ! ». Avec un petit clin d'œil... Raaaaah.... Mais c'est pas vrai ! C'est qui ce type ?!
Je me sens énervée, hors de moi, j'ai une envie irrépressible de balancer un truc contre le mur. Et pourtant, je ne peux m'empêcher de penser que cet homme m'a fait beaucoup d'effet... en bien ou en mal... je préfère encore l'ignorer pour l'instant.
Mais je suis bien remuée, c'est indéniable.

## Chapitre 16
*Un problème avec les photos ?*

J'ai rendu mon rapport en temps et en heure, avec juste une petite demi-heure d'avance. Cela n'a servi à rien, Liam n'était pas disponible à ce moment là. Nous nous sommes ensuite retrouvés dans mon bureau pour que je puisse compléter les informations qui figuraient dans mon document et répondre aux questions qu'il n'a pas manqué de me poser.
Pour finir, la discussion s'est avérée très constructive, j'étais très concentrée, très attachée à donner tous les détails techniques sur les sujets que je maîtrisais, et j'ai donc réussi, pour un moment, à mettre de côté le flot d'émotions qui auraient pu me mettre mal à l'aise.
Même si chacune des questions qu'il me posait me faisait bizarrement l'effet d'une agression, je me devais de reconnaître qu'elles étaient pertinentes, et je me rendais bien compte à quel point mes réponses pouvaient lui être utiles pour la coordination générale des différents investissements gérés par l'organisation.
J'aurai juste aimé que son ton soit un petit peu moins sec, qu'il donne l'impression d'être un peu plus attentif à ce que je lui disais, et avoir un peu moins la sensation d'être une gosse à peine majeure sous son regard. Toute la semaine, je n'ai eu de cesse de me heurter à un mur d'incompréhension.
Je me connais, je suis particulièrement sensible au langage du corps. C'en est parfois obsessionnel : le regard, les voix, les postures... Chaque attitude est pour moi un témoignage, un relief, elles donnent aux gens plus de précision, pour autant que les mouvements soient

en accord avec le verbe, un accord que je connais, qui s'harmonise avec mes perceptions, mes bases.
Concernant Liam, j'étais confrontée à un vocabulaire qui m'était inconnu, tous mes repères en étaient faussés. C'est bien simple, ils n'existaient plus, me plongeant dans un brouillard difficilement supportable. J'en aurai hurlé tellement cette ignorance m'était douloureuse, si éloignée du langage fusionnel que je pouvais avoir avec mes proches : Paul, Lizzie, Henri... Avec une volonté vengeresse, je continuais de lutter, de butter sur ses mots et ses gestes, qui pour moi étaient aussi désaccordés qu'un vieux piano. Ma rage ne faisait qu'augmenter, mes échecs en matière de communication s'accumulaient comme un tas de linge sale, ayant pour conséquence de m'embrouiller moi-même, et de ne plus me reconnaître ni me comprendre. Je me prenais les pieds dans mes propres postures, j'étais épuisée. Puis de conclure entre deux souffles, que certaines personnes n'ont sans doute aucune envie d'être décodées ou comprises. La mise à nu que cela peut induire doit leur sembler insoutenable. Alors elles s'attachent à brouiller les pistes, à se donner des attitudes qui ne sont pas forcément représentatives, à ne rien dévoiler, et surtout, surtout à ne correspondre à aucune règle.
Monsieur Liam O'Calahan appartenait à ne pas s'y tromper à cette catégorie de personnes, il intériorisait beaucoup, particulièrement ses réflexions. Et lorsque je voyais son visage se fermer longuement suite à un exposé que je venais de lui faire avec application, je ne pouvais m'empêcher d'imaginer que j'avais dû dire une énormité ou quelque chose du genre. Ma fragile cafetière en bouillonnait d'émotions rouges et fumantes que je cachais du mieux que je pouvais.
Mal.

Liam est resté une semaine, il partait ensuite sur d'autres sites. Je n'ai pas trop posé de questions à ce sujet, ces premiers contacts avaient déjà été suffisamment difficiles à gérer. Pendant toute la semaine, il a continué dans le registre de « Monsieur Insaisissable », alternant les gentilles taquineries avec les remarques sèches et les reproches circonstanciés quand quelque chose ne le satisfaisait pas... Et manque de chance : c'était souvent justifié.
Moi, dans le même temps, j'alternais entre l'attitude excitée comme une puce, et vexée comme un pou... En résumé, je ne me sentais pas très grande. Inférieure...
Le renoncement se rencontre assez peu chez les petites bêtes.
Notre instinct animal nous poussait l'un contre l'autre, et nous étions chacun dans le plus parfait jeu de la lutte de pouvoir et de recherche de positionnement, mêlé de respect et d'agacement mutuels. Doux euphémisme pour dire que nous étions rarement d'accord sur les décisions à prendre pour le chantier, et que nous ne manquions pas de nous le faire savoir.... bruyamment. J'étais persuadée que son attitude faisait partie d'une certaine image qu'il tenait à maintenir, en particulier lorsque nos « disputes » se produisaient non loin du regard des autres. Et je ne pouvais m'empêcher d'imaginer qu'il s'en amusait un peu. Il n'était pas le seul.
Quand il est enfin parti, je me suis sentie soulagée, infiniment. Et au vu les remarques lancées par les membres de l'équipe, il n'était pas difficile de comprendre que ce retour au calme était unanimement apprécié.
Ce n'est pas qu'il n'y avait moins de tensions, ou d'éclats de voix... Avec des personnalités comme Lino, ou même Faissal qui n'avait pas non plus sa langue dans sa poche, les joutes verbales étaient assez fréquentes, et les franches rigolades aussi. Mais, je ne sais pas... Ce

qui avait instantanément disparu était plutôt du registre... physique... ou je dirais plutôt... électrique. Nous nous sentions tout à coup plus en sécurité, comme lorsque l'orage se décide enfin à s'éloigner lors d'un bivouac, laissant les campeurs transis mais soulagés... Cela faisait sans difficulté écho aux sensations éprouvées avant mon départ, dans ma chambre, alors que mon corps était tout près du mien, de l'autre mien, et que j'avais le sentiment de contenir autant d'énergie électrique qu'une centrale nucléaire.
Il me semblait surréaliste d'envisager que Liam soit lié à mon petit voyage extra-corporel. Mais à la réflexion, je le voyais assez bien dans le rôle d'une de ces balises sensées me montrer la route...ma route. Et ce nouveau doute qui venait de naître expliquait sans doute le manque inattendu ressenti suite à son absence.

A moins que les raisons n'en soient plus triviales.
Nous étions bêtement un homme et une femme. Et le jeu que nous avions joué toute la semaine, en cachait peut-être un autre, beaucoup plus simple, et beaucoup plus prévisible.
Je secouais la tête : le déni, c'est sage, c'est rassurant. Et je tirais une nouvelle cigarette de mon paquet. Monsieur O'Calahan n'était pas spécialement séduisant, mais il n'avait pas oublié de dégager un charme un peu brut, le genre qui ne laissait pas insensible.
D'un doigt tendu dans le vide, je redessinais de mémoire les traits de son visage... usés, profonds, façonnés par des mois et des années passés sur un terrain de guerre, une tension à fleur de peau, si palpable qu'elle en devenait presque rassurante tant on s'inquiétait de son absence. Était-ce dû à cette allure, la barbe de trois ou quatre jours, qui ornait par ailleurs les mentons de tous mes collègues masculins, à la poussière qui voilait leurs cheveux et leurs sourcils, qui

donnait cette prestance à la Brad Pitt dans « Spy game » ?
Bien évidemment, je n'avais pas manqué de remarquer la couleur de ses yeux... qui me rappelaient ceux de Paul, quoique d'une teinte un peu plus soutenue. Mais d'un point de vue professionnel, je ne pouvais ignorer la douleur au ventre et les échardes qui me griffaient en pensant à sa prochaine visite dans quelques semaines.

Je revenais donc plutôt sur le caractère probablement « pré-destiné » de cette rencontre. En respirant au soleil le parfum de ma tasse, un thé à la cardamome purement délicieux, préparé chaque jour par un des gars du chantier, j'essayais de me dire qu'il fallait peut-être que je me remette à mes fameuses recherches au lieu de continuer à me laisser emporter dans cette tourmente rassurante que me procurait l'exercice de ce qui n'a jamais cessé d'être.... mon métier. Mais je ne savais pas vraiment par où commencer. Une fois de plus le destin allait répondre à mes interrogations... En la présence de Ted.

Il me faut pour cela revenir un peu plus d'une semaine en arrière avant l'arrivée de Liam. Cela faisait juste quelques jours que j'étais là, et les gens commençaient tout juste à se faire à ma présence, ou plutôt à l'absence d'Al... mais qu'importe. Pour marquer le coup, un de ces fameux soirs où la réunion de travail se transformait peu à peu en séance de débat mi philosophique mi politique sur l'utilité de notre action, sur la fin hypothétique de cette guerre de rue, sur l'impossibilité ou non de doter le pays d'un gouvernement stable, et sur notre place réelle dans tout ce foutoir, Ted avait tenu à prendre quelques photos de nous. En fou de technologie, il s'était doté, et cela ne surprenait personne, d'un reflex numérique top du top, certainement un poil customisé à sa sauce, avec tout un tas

d'objectifs de malade, et un flash pas possible.
Au fur et à mesure de nos conversations, Ted prenait des portraits, nous expliquant qu'il jouait avec les effets de lumière de la fin de journée, de nos volutes de fumées. Nous étions bien sûr tous impatients de voir le résultat, avec le numérique maintenant... c'était le luxe qu'on pouvait se permettre. Mais c'était sans compter le perfectionnisme de Ted. Hors de question que qui que ce soit les regarde avant qu'il ait pu les sélectionner, les retoucher sur ordinateur. Il ne nous montrerait que le résultat final.
Ensuite, je ne sais pas... Avec l'arrivée de Liam, tout le monde a été sur le pont pendant sept jours, plus quelques petits incidents à gérer avec le chantier. Ted n'a certainement pas eu le temps de travailler ses photos... jusqu'à ce soir.

Discrètement, il me sort de mes réflexions en me tapant doucement sur l'épaule.
- Sibylle ?
- Oui..
- Tu peux venir voir s'il te plait... C'est important !
- Oulàà... Qu'est ce qui se passe Ted ? Un problème avec le budget..?
- Non c'est pas du tout ça...
- Les ordis ?
- Non Sibylle, viens tout de suite...
- Attends tu m'inquiètes !
- Y a de quoi... dit-il en s'installant derrière son PC, c'est à propos des photos de l'autre soir...
- C'est pas grave si elles sont ratées tu sais, tu en referas d'autres...
- Non, elles ne sont pas ratées... C'est plutôt que... Enfin regarde...

Je regarde les photos de tout le monde, c'est vrai que les portraits sont superbes, et puis les photos de groupe très sympas... Il a vraiment su saisir des instants...

- Il faut les imprimer Ted, on va les afficher dans le bureau.
- Attends Sibylle, ne me dis pas que tu n'as rien remarqué...
- Non quoi ?
- Toi Sibylle !... Tu n'es sur aucune photo.
-...
- Et pourtant je t'assure, et tu le sais mieux que moi... Tu devrais y être...

## Chapitre 17
## *Choix pour Jemah*

Je suis là, devant les écrans de Ted, à une place qui avait tout juste commencé à devenir familière, j'ai la main crispée sur la souris de son ordinateur, je ne me souviens pas avoir cillé depuis dix minutes, mes yeux ne cessent de passer et repasser sur les vingt photos que Ted a ouvertes et qui découpent en mosaïque les deux écrans.

Lino, Faissal, Mourad, Brian et l'autre boy dont je ne me rappelle jamais le prénom, celui qui a une tête de premier de la classe avec ses tâches de rousseur et ses grosses lunettes : en portrait, en très gros plan, en plan moyen, à deux ou à trois par photo suivant le recul qu'avait pris Ted, et même une photo marrante où toutes nos têtes sont collées les unes aux autres y compris celle de Ted qui avait réussi à prendre la photo à bout de bras.

Toutes nos têtes... sauf une. La mienne.

Et pourtant, comme me le dit Ted je me souviens très bien, j'étais accroupie juste à côté de lui et je le chatouillais au moment où il appuyait sur le déclencheur pour le forcer à quitter son air concentré que je jugeais trop sérieux pour ce type de photo. Ted se tordait de rire, on voyait bien que son regard partait en coin sur la droite, où j'étais sensée me trouver, sauf qu'à droite il n'y a personne.

Pas plus que sur le gros plan avec Lino où j'étais très proche de lui allumant ma cigarette sur la sienne. Ni... Oh merde !... Mais qu'est ce que c'était encore que cette histoire...??

Le bas de mon dos commence à être trempé.

Je n'osais pas me retourner vers Ted. Je l'entendais réfléchir juste

derrière moi, ses neurones en sur-régime, et la moindre substance vibratile tendue vers moi : « Donne-moi une réponse Sibylle, donne-la moi vite ! ». Moi, mentalement, je suppliais ses dendrites de se rétracter ; en mode virtuel, je bloquais d'un doigt le flux agaçant de ses neurotransmetteurs. Je tirais ses pensées en arrière, avant son appel, avant cette soirée. Qu'elle n'ait pas eu lieu, qu'il n'y ait pas eu de photos, qu'il ne me les montre pas. Que je ne les vois pas. En ultime recours, j'envoyais mes yeux loin en éclaireur, derrière les écrans, ils se hissaient sur les câbles et les microprocesseurs, fouillaient, tiraient, déballaient tout. Mon image devait bien s'y trouver, non d'un chien ! Essoufflée, comme lorsque l'on renonce au pied de son armoire une fois que l'on a admis qu'un petit pull tout aussi adoré qu'indispensable est introuvable, je pose la première d'une longue série de questions :
- Tu as vérifié sur ton Nikon... Les photos sont identiques entre le PC et l'appareil n'est ce pas...?
- Oui c'est le premier truc que j'ai regardé...
- Je suppose qu'il est inutile de te demander si tu n'en n'as pas supprimé par inadvertance...?
-Je ne suis pas à l'abri d'une maladresse, c'est sûr, mais je peux te certifier...
- Laisse tomber, je te fais confiance.

Silence
- Tu en penses quoi ?
- Et bien dans un premier temps, j'ai eu envie de mettre ça sur le compte de l'informatique ou du numérique... de me dire que j'avais trop bidouillé de choses, que...
- Mais ?

- Et bien non, tout marche à la perfection. Je ne veux pas t'embrouiller avec des détails techniques.
- Pince-moi !
- Quoi ?
- Oui... C'est bien ce qu'on dit parfois quand il y a quelque chose de trop bizarre... On dit « pince-moi je rêve! ». Alors je te demande de me pincer.
- Pour de vrai ?
- Ted, tu prends mon bras là, et tu pinces... Ce n'est pas compliqué... Aïe ! Putain mais t'es malade !!!
- Tu m'as dit de pincer alors je pince !
- Oui OK... mais pas de me faire une biopsie sans anesthésie ! Purée je suis sûre que je vais garder un bleu pendant deux jours !
- Ouais... Ben rappelle-moi de ne pas obéir à tes ordres la prochaine fois.
- Non, non, ne te fâche pas Ted... Tu m'as fait mal... C'est... euh... ce que je voulais.
- Je ne comprends pas vraiment ton délire, là.
Blanc... Silence. Je n'allais pas lui dire que depuis quelque semaines j'avais du mal à comprendre ma vie, et ce qu'il s'y passait... et qu'il m'était déjà arrivé d'avoir des doutes sur ma propre existence, que j'avais laissé une autre Sibylle en chair et en os à Paris, dans ma maison, dans les bras de mon propre mari, dans les cœurs de mes trois enfants, jetant ainsi une poignée de sel sur la plaie rouge que je peine à cacher chaque jour et que je porte sur ma poitrine.
J'ai mal, j'ai mal à hurler. Ainsi donc ici aussi je n'ai pas ma place, ici aussi je suis absente, absente d'une, deux, trois, vingt photos, et cette absence révélée plante un aiguillon de plus dans ma blessure qui n'a pourtant rien d'imaginaire. Quelles souffrances dois-je donc encore

endurer pour mériter d'exister, et surtout éviter d'effrayer les gens qui vivent à présent auprès de moi, et à qui je n'ai aucune envie de faire horreur. Je veux qu'on me touche, je veux qu'on m'aime Ted, tu entends ! Je veux que tu me voies, que tout le monde me voie. Je veux que tu me touches encore, tu m'as fait mal, mais j'ai adoré ça, pour une demi- seconde j'ai été rassurée, et j'aurais voulu que cela dure. Pourtant c'est bien mon reflet que je vois dans mes lunettes, posées là sur le bureau.

- Moi non plus je ne comprends rien, rien.... rien du tout.
Soupir... Je laisse tomber mon front dans mes mains, j'ai envie de disparaître sous terre... Je suis terrorisée à l'idée que Ted en parle aux autres. Il pose sa main sur mon épaule. Je sursaute.
- Sibylle ? Ça va ?
- Non !
- Tu veux qu'on réessaye, qu'on en prenne d'autres, là maintenant ?
- Non ! Surtout pas !
Je me relève brusquement en le repoussant... Je suis affolée. Il me dit :
- Mais pourquoi ? Au moins on en aurait le cœur net ? Il y a peut-être eu un problème. Il y avait de l'orage ce soir-là. Je ne sais pas, peut-être un problème électrique ou magnétique...
J'ai envie de clore cette discussion au plus vite. Je sens que le terrain est brûlant.
- Ted, non je ne préfère pas... Je... Comment dire, avant mon arrivée ici... j'ai aussi vécu des choses... très difficiles. Je ne veux pas en parler... Je voudrais me persuader que ce problème ne vient pas de moi... que je ne suis pas... bizarre... tu vois. Et d'ailleurs, je préfèrerais que tu ne parles pas de la chose aux autres. Tu n'as qu'à dire qu'elles

sont ratées si on te pose la question. Tu veux bien ?
- Hum... Ce ne serait pas le premier secret, c'est une habitude ici.
- Que veux-tu dire ?
- Non rien, laisse tomber... Écoute Sibylle, tu veux que je passe sous silence ton petit problème. Alors toi aussi ne pose pas trop de questions s'il te plait.
- OK d'accord, je n'insiste pas. Sinon merci Ted... Je voudrais vérifier certaines choses par moi même. Et quand j'en aurai le cœur net, promis, on refera la séance photo. En attendant...
- Oui, j'ai compris, je laisse l'appareil de côté.
- Tu es un ange !
- N'en rajoute pas trop non plus...
- Si merci encore.
- Tu as quand même l'air assez perturbée Sibylle, je veux bien te foutre la paix sur le sujet. Mais il faut peut-être te changer les idées...
- C'est vendredi, Jemah, demain, pas de problème, je vais me reposer.
- Avec une dizaine de dossiers dans ta chambre... ?
- Hum... Touché !
- Pourquoi tu ne nous accompagnes pas ? On part faire une rando dans la campagne pas loin. C'est super safe, je t'assure, on a un guide... Mais ça sera génial ! En plus, il est prévu que l'on rejoigne le point de départ du trek en moto... sensations assurées ! Parfait pour oublier ce petit « incident ».
Il faisait le signe des guillemets avec ses doigts et paraissait surexcité pour de vrai.
- En moto !... Alors non, très peu pour moi !
- Un problème ?
- Euh oui... Il est hors de question que je monte sur une moto !
- Même en passager ?

- Surtout en passager, d'ailleurs je ne sais pas conduire ces engins, alors...
- Mais alors ? Pourquoi...
- Pourquoi ? Mais parce que... euh... et bien....
Ça c'est trop fort ! Le blanc. Je n'en sais rien en fait. Mon refus catégorique est sorti tout seul, au moment de le dire, la raison me semblait purement évidente. mais au moment de formuler l'explication... Rien. Comprends pas. Les mots sont comme coincés dans le fond de ma tête, rien à faire, ça ne veut pas sortir... comme quand on cherche désespérément le nom d'un acteur de film, et qu'en plus c'est un film qu'on adore. Mais là, petit détail en plus... c'est que de chercher cette pu... de raison, me déclenche une migraine épouvantable. Je porte la main à ma tête. J'ignore à quoi je ressemble, mais je devine que mon teint doit avoir perdu tout éclat, je m'efface...
- Euh... Raison personnelle, Ted ! N'insiste pas.
- Et bien... C'est le soir des secrets alors ? Mais je ne pense pas que rester dans ta chambre à bosser ou à ressasser je ne sais quel problème soit ce qu'il y ait de mieux.
- Ne t'inquiète pas Ted... Soraya et son mari reçoivent de la famille demain, la maison sera pleine d'enfants, et puis j'ai promis d'aider pour les pâtisseries. Je veux apprendre. Tout ira bien je t'assure.
- ...Et bien puisque tout est déjà décidé...
- Oui, désolée.

J'ai vraiment besoin d'être seule tout de suite... En plus, c'est le couvre-feu dans moins d'une demi-heure, il est temps de rentrer chez moi... Je ramasse mes lunettes et mon paquet de cigarettes, je ne pense pas avoir beaucoup à me forcer pour avoir l'air crevé, je commence à me diriger vers la porte.

- Bon et bien reposes-toi bien Sibylle !
- Oui, oui, Ted, et vous amusez-vous bien. Vous me raconterez ça samedi !
- No problemo !
Sur le pas de la porte, je jette un dernier regard, je fronce les sourcils... Cela ne passe pas inaperçu, Ted se retourne vers le PC et comprend aussitôt.
- Ah... oui, oui Sibylle. T'inquiète, je ferme les fichiers... et... motus.
- Merci Ted, et... Salam Aleikum !
- Oua Aleikum Salam, Sibylle,... A samedi !

En me dirigeant vers mon bureau pour récupérer mon portable et ranger un minimum avant mon départ, je me remémore le milieu de notre conversation. M'est avis que le secret évoqué par Ted n'a rien d'anodin et que s'il n'a pas pu s'empêcher d'en parler, c'est qu'il ne s'agit pas d'une petite confidence d'alcôve d'un des membres de l'équipe, mais probablement de quelque chose qui concerne toute notre petite communauté. J'ignore pourquoi, mais j'en suis quasi sûre.

## Chapitre 18
## *Les globe-trotters*

Vendredi matin.
Rien de ce qui s'était passé la veille au soir avec Ted et ses photos ne me prédestinait à passer une bonne nuit, et pourtant j'ai dormi comme une masse jusqu'à 7h30, une longue nuit sans rêves. Je devais être épuisée. J'avais toujours à l'esprit cette histoire de moto, mais pas plus qu'hier soir je n'arrivais à comprendre ce qui avait si violemment provoqué mon refus, pas plus que ma migraine d'ailleurs, qui a repointé le bout de son nez à la seconde même où j'y ai repensé. Arrivant à la conclusion qu'il fallait arrêter de ressasser la chose si je voulais passer une journée convenable, j'ai rangé cette histoire dans un coin de ma tête. En revanche, ma non-apparition sur les photos restait en toile de fond de mes pensées, cet événement m'ayant rappelé un des buts principaux de ma venue dans ce pays... trouver des explications à ma situation, et suivre le chemin tracé pour moi. L'épisode des photos m'avait à nouveau remise sur cette fameuse route.
Aujourd'hui, j'avais promis d'aider Soraya en cuisine et j'avais commencé dès ce matin en me proposant d'aller à l'épicerie acheter les ingrédients qui lui manquaient : farine, épices, dattes, amandes... C'était à deux rues de leur maison, ce n'était pas vraiment une expédition mais une fois de plus cela me permettait de donner à ma vie ici un peu plus d'authenticité.
Authenticité et réalité : des choses dont j'avais vraiment besoin, surtout depuis hier.

Si je m'étais laissée aller à la facilité, il m'aurait été très aisé d'occulter complètement ce pays et son contexte. Emmenée le matin et ramenée pour le couvre-feu, en taxi, faire mon travail et rien de plus, ne côtoyer que mes collègues américains à l'intérieur de la clôture du chantier, dans un environnement surprotégé.
Même si c'était typiquement ce que nos responsables nous enjoignaient de faire, bien évidemment pour des raisons de sécurité, et aussi pour éviter un nouveau coup de pub avec un nouvel « accident », cela ne correspondait pas vraiment à ma vision des choses.
Je repensais à Sémir, le jour de mon arrivée, inquiet de ma réaction lorsqu'il m'eut appris que notre équipe et le chantier n'étaient pas installés dans la bulle protectrice de la green zone. Je bénissais chaque jour le privilège de ne pas avoir à me coltiner la fatuité des fonctionnaires protocolaires qui avaient investi le palais de Saddam et les anciennes villas des dignitaires. Le dégoût qui se peignait en filigrane sur le visage de Sémir, et qu'il prenait soin de cacher derrière son sourire légendaire, lorsqu'il revenait de ses réunions quotidiennes avec le personnel de l'administration, me le confirmait chaque jour.
Dans nos bungalows, nous bénéficiions d'un autre genre de protection, les bâtiments détruits par les bombes et les embouteillages quotidiens éloignaient de notre paysage la musique country, les canettes de Dr Pepper et le rouge criard des tubes de ketchup. Nous étions dans le Bagdad réel, et rien ne nous empêchait de savourer d'excellentes salades de tomates et de concombres cultivés sur un sol qui n'avait rien d'artificiel, celui de cette terre qui n'aspirait qu'à redevenir un pays.
J'étais venue ici en répondant quasiment à un appel, et même si rien dans ma vie ne m'avait préparée à cet environnement d'insécurité, à

cette atmosphère poussiéreuse et sèche, à la guerre et ce que cela implique de bruits inconnus et insoutenables, de cris, de pleurs et de gémissements entendus quotidiennement aux consultations à l'hôpital, à l'impuissance, à la fatalité, à l'angoisse permanente qui faisait que je connaissais à présent très précisément tous les effets du stress intense sur mon corps. Je m'habituais.

Pourquoi Bagdad a-t-elle donc définitivement perdu dans notre imaginaire occidental la magie orientale des Mille et Une Nuits ? A l'automne 1990, les éclairs verts zébrant les images brouillées diffusées par CNN ont arraché pour toujours le voile de Shéhérazade.

Mais c'est dans ce contexte que le plus petit sourire croisé dans la rue, brille comme un métal précieux, que la moindre clochette qui tinte à l'entrée d'une boutique annonce le renouveau, où une main posée sur une épaule est un signe d'espoir, et je ne veux manquer aucun de ces joyaux.

Mieux, je veux en faire partie.

Je sais que ce n'est pas possible, que malgré mes velléités, je n'y parviendrai peut-être pas. Mais chaque pas fait dans cette ville est pour moi une forme de contribution à quelque chose, que je n'arrive pas à définir, mais qui révèle une partie de réponse à cet appel impérieux. Je repense souvent à ces reportages regardés sur notre écran plat, les genoux repliés sous moi, tranquillement dans mon canapé en me réchauffant les mains autour d'un mug de thé fumant, profitant d'une sécurité dont je ne pouvais pas percevoir l'inestimable valeur.

Je m'interrogeais alors sur le degré de folie qui pouvait habiter les reporters, pour aller s'aventurer dans de tels endroits, que ce soit ici, à Kaboul, ou tout autre lieu où les armes de guerre sont plus

ordinaires que les poignées de main.
De la folie ou de l'abnégation. Ou plutôt, comme je le comprends à présent, une volonté, une conviction que leur place était là, que leur action n'était en aucun cas vide de sens.
Et aujourd'hui, je les ai rejoint de l'autre côté de l'écran, actrice, comme de l'autre côté du miroir, dans un pays qui doit contenir des merveilles. Il ne peut en être autrement.

Tiens d'ailleurs, je ne suis pas toute seule dans mon voyage...
Voilà que j'aperçois de l'autre côté de la rue deux gars qui ne sont ni des soldats, ni des médecins, ni des locaux, eu égard à leur sac à dos, chapeaux, lunettes de soleil, et appareils photos de la taille de la tour Eiffel.
Nos regards se croisent. Signes de la main. Signes répétés. Ils veulent que je les rejoigne. Je regarde à droite et à gauche. Je traverse.
Poignées de mains. Sourires. Un thé ? Pourquoi pas...
A la cardamome ? Bien Sûr ! Nous nous asseyons. Nous volons un instant. Nous ne parlons pas la même langue. Mais nous le savons.
Voici Hans et Kurt. Deux globe-trotters Néerlandais. L'un est aussi brun que l'autre est blond. Ils doivent avoir dans les trente ans. Ils se disent reporters free lance, pourquoi pas... Ils font le tour du monde des points « chauds », ils arrivent de Somalie, ils veulent passer au Tibet, en Afghanistan... Ben tiens ! Ils ont en tête un projet de reportage photo, interviews.... Ils sont super intéressés par mon propre projet, mais ils ont un plan pour monter plus au Nord du pays, à la frontière avec le Kurdistan. Leur guide doit passer les chercher d'ici une heure ou deux... Oui, oui... Une autre fois peut-être... Ils veulent que je les prenne en photo. Pas de problème. Je tends la main vers l'appareil qui me semble le plus léger et le plus

simple. Changement d'objectif. Ils me donnent l'appareil et quelques instructions pour le manipuler. Je prends tous les clichés qu'ils me demandent... Je mitraille. Je prends plaisir. Sourires. Eclats de rire. Je redonne l'appareil. And you Sibylle ! L'objectif se dresse vers mon visage Je n'ai pas le temps de... Nooon !!

Trop tard... Wait a minute, just have a look on your picture ! Je me lève en renversant une chaise. Sibylle wait ! We must shoot another one !
Inutile ! Je cours. Je sais très bien quel est le problème.
Je ne suis pas sur la photo.
Je cours, je pleure, mes yeux me brûlent, je cours longtemps. Mes achats s'entrechoquent dans mon sac à dos. Je ne suis qu'à deux rues de chez moi, je suis essoufflée, je rentre dans le patio, je me laisse glisser le long du mur, je m'accroupis, la tête dans mes bras, je cherche mon souffle, je cherche le silence, je veux me retrouver. Enfin protégée dans cet intérieur extérieur, je laisse venir en moi les bienfaits de l'intimité sacrée qui règne entre ces quatre murs blancs. Le vacarme bruissant de la rue et de ma peur semble être resté derrière moi, mais la ouate de ce silence ne fait que renforcer la présence du flux qui bat dans mes tempes.
- Sibylle ? Tout va bien ?
C'est Soraya qui s'est approchée de moi. Je dois relever la tête, je dois me relever, je dois me tenir debout :
- Oui, oui Soraya, ça va... Il y a eu des coups de feu... Enfin j'ai cru entendre... J'ai eu peur, j'ai couru, j'espère que je n'ai rien abîmé, dis-je en ouvrant mon sac
-Ah mon dieu, je n'aurais pas dû te laisser sortir, je le savais, je l'ai toujours dit ! Mon Dieu, tu es sûre que tu n'as rien ? Viens, il faut que

tu manges quelque chose.
- Non merci Soraya.
- Il faut que tu manges, il n'y a que ça pour se remettre des frayeurs.
- Non vraiment... je, j'ai un peu mal au cœur... et...
- Dieu que tu es difficile ! Un thé alors...
- Va pour un thé.
- Dieu soit loué... Elle reprend ses esprits. Suis-moi, tu me raconteras tout !

Je me laisse peu à peu enivrer par l'odeur du jasmin qui grimpe autour de chaque fenêtre de la cuisine et par les bavardages de Soraya. Ses mots résonnent comme une musique lointaine, et les syllabes de cette langue que j'aime tant me bercent doucement, mes doigts se décrispent, s'écartent, je me sens prête à lâcher, ma force est en train de se diluer dans mes phalanges, je ne comprends pas un mot sur deux, mais j'acquiesce, je ne pense à rien.

Durant le reste de la journée, je me laisse porter par les évènements, je laisse mon esprit flotter au dessus des gens, seulement mon esprit. Question enveloppe charnelle, j'en ai déjà deux, trois, ce serait de trop. Je me vois rire avec Soraya, je plonge les mains dans la farine, le blanc d'œuf, les amandes, j'ai de la pâte coincée sous les ongles, j'ai de la farine sur le front, nous rions en nous regardant dans la vitre de la fenêtre... Le parfum douceâtre des dattes écrasées qui serviront à préparer les *clé-djet*, et les effluves piquants de la cardamone au dessus de la casserole frémissante d'eau pour le thé. Je sens tout cela à la fois, j'ai le goût du sucré sur les lèvres, je rince mes doigts collants sous l'eau froide. Je suis bien.

La soirée, je ne m'en souviens plus trop.

Les frères de Soraya sont venus, avec leurs épouses et leur progéniture. Soraya et son époux n'ont pas d'enfants, alors ils gâtent à outrance leurs neveux et nièces. J'ai dû rester un peu avec eux, puis prétextant la fatigue je suis montée dans ma chambre. Je me suis assise sur mon lit, j'ai attendu.

Encore cinq minutes, juste cinq minutes et je le fais. Je sais ce que je vais faire.
Hier soir, j'ai emprunté le petit appareil compact du chantier, je le sors du tiroir de la table de nuit, je le tripote un moment dans mes mains. Toute cette fin de journée, je me suis prouvée que je n'avais rien d'irréel, que j'étais Sibylle en chair et en os, et je savais que dans cinq minutes, j'allais certainement me prouver le contraire.
Je tiens l'appareil à bout de bras devant moi, sur le côté, avec le flash, sans le flash, j'en prends une dizaine. Une longue expiration. Je retourne l'appareil et j'appuie sur lecture.
J'ai dû faire défiler dix fois je n'y suis pas. J'allume mon PC, je glisse la carte de l'appareil photo, j'ouvre l'explorateur, je les regarde en grand dix fois. Je n'y suis pas.
Je sais ce que je veux faire, je le dis à mon reflet dans le miroir de la salle de bain. Je n'ai pas peur. Je suis Sibylle, je suis en chair et en os. Et en sang.
Je sors le petit canif suisse de mon sac à dos. Je déplie la lame. Je place la lame dans la paume de ma main gauche. Je replie les doigts. Je serre. Doucement. Fort. Je n'ai pas peur. Je n'ai pas mal. Je regarde le sang couler à travers mon poing serré, la vue de mon sang me fait pleurer.
Je suis Sibylle, je suis en chair et en os. Et en sang.
J'attrape un tee-shirt blanc qui trainait au pied de mon lit. J'ouvre la main, et je comprime le tee-shirt à l'intérieur, je comprime jusqu'à ce que le saignement s'arrête. Je nettoie le couteau. Je nettoie ma plaie,

je me fais un bandage bien serré, et je me couche.
Je ne comprends rien, mais j'existe, oui j'existe, c'est une certitude.

## Chapitre 19
*Une visite inopinée*

Samedi matin, fin de notre court repos hebdomadaire. Rien ne nous obligeait pourtant à caler nos heures de travail sur ce rythme de six jours, avec les fêtes religieuses pour seuls congés. Il avait été proposé à tous les cadres de conserver deux day-off par semaine, proposition que nous avions tous refusée. Ne pas avoir le même rythme que nos collègues et que les équipes travaillant sur le chantier, aurait instauré une ambiance coloniale difficilement « assumable » dans un projet humanitaire. D'autant plus qu'il nous était impossible d'ignorer le caractère franc et entier des Irakiens, cette droiture un peu rude face à laquelle il était impensable de ne pas tout faire pour être à la hauteur. Et je dois dire que cela simplifiait grandement les rapports humains, et par là même la planification et l'organisation du chantier, vu qu'il était impossible d'imaginer qu'une seule personne puisse ne pas tirer la barque dans le même sens que les autres.

Avant de partir, je descends à Soraya mon petit panier de linge sale. Au début de mon séjour, j'ai eu beaucoup de mal à me faire à ce principe. Soraya et son époux sont mes hôtes, l'organisation paye pour l'hébergement, mais j'aurais préféré pouvoir m'occuper de mon ménage et de mon linge moi même, je ne sais pas, cela me semble... inconvenant d'abuser ainsi de leur gentillesse.
Alors je lavais mes petites culottes et mes tee-shirts dans le lavabo. Jusqu'à ce que Soraya s'en aperçoive, je pense, et ne communique plus avec moi que par petits signes de tête, le visage fermé ; elle qui

était si affable à mon arrivée. J'en ai aussitôt parlé à Sémir, qui a rapidement compris d'où venait le problème.
- Vous l'avez vexée Sibylle, ne cherchez pas plus loin. En plus, elle doit être fière alors elle n'ose pas en parler.
J'ai ramé pendant plusieurs jours pour rattraper la situation, et j'ai dû accepter force pâtisseries et spécialités culinaires que je montais dans la chambre pour les distribuer aux chats du quartier, lesquels venaient chaque soir miauler sous ma fenêtre. Depuis, je donne mon linge, je ne ramasse plus une seule miette dans ma chambre, et mes affaires sentent cette merveilleuse odeur de jasmin qui embaume dans le patio de la maison.
Ce matin, je préviens Soraya qu'un tee-shirt sera peut-être difficile à laver, je me suis coupée l'autre soir, bêtement en voulant refermer mon canif qui était coincé. Oui, oui, ça va mieux, j'ai cicatrisé extrêmement vite, on ne voit plus rien, peut-être une fine ligne dans ma paume, à peine visible.

Dans les bungalows, beaucoup d'animation, Ted et Faissal sont en train de raconter leur expédition avec force détails, en reproduisant par mimes les situations les plus cocasses. Ils sont crevés, brûlés par le soleil, enchantés.
En plus, une des motos est tombée en panne, il a fallu pousser, ils se sont faits aider par un paysan qui prenait le même chemin qu'eux accompagné d'ânes. Ted s'était fait mordre par un des ânes. Faissal mime sa tête à l'instant fatidique. C'est à se pisser dessus.
Par la suite, la journée se passe pour ainsi dire normalement. Chaque fois que je peux, j'essaye d'éviter le regard de Ted, j'ai trop peur d'y trouver une question à laquelle je n'ai bien évidemment pas envie de répondre. Je vérifie la présence de ma silhouette sur la moindre

surface réfléchissante : un écran, une vitre, un pare-brise. J'ai rangé l'appareil photo à l'endroit où je l'avais emprunté, en ayant bien sûr pris soin de supprimer les photos qui avaient renforcé mes doutes, juste avant que la vue de mon sang les repousse un petit peu.
Le fait que j'ai cicatrisé si vite me dérange tout de même un chouïa, c'est pourquoi je ne cesse de multiplier les gestes qui me rassurent sur l'existence de mon corps, qui me donnent la perception de son contour. Je fume, beaucoup, pour avoir mal à la tête, je lâche mes cheveux pour les sentir flotter dans le vent, je ne rate aucune occasion pour saisir le bras ou l'épaule de mes collègues, je rie bruyamment pour qu'on m'entende vivre. Je veux être vivante et je veux qu'on le sache.

Le soir venu, alors que toute l'équipe a déjà quitté les bungalows, que le chantier est vide depuis plusieurs heures, je finis de replier quelques plans, je range les dossiers qui traînent. Mon regard tombe une fois de plus sur un carton planqué derrière le bureau de Ted. Ce sont les affaires d'Al.
Personne ne me l'a dit, mais je l'ai bien compris à force de sous entendus, de certains regards fuyants. Je brûle d'y jeter un œil... mais un bref regard à ma montre me rappelle à l'ordre, il est tard, et il va falloir rentrer. Je lance une dernière œillade à ce carton... Un jour, il faudra que je prenne le temps, je le sais, tant pis pour les tabous.
Au moment où je m'approche de mon bureau, un frisson me parcours l'échine, je frotte mes bras pour tenter de faire disparaître le petit picotement électrique que je sens à la surface de ma peau. Je pousse la porte. Je ne suis pas surprise.
Liam est là. Il semble concentré dans la lecture de je ne sais quel document. J'ignore pourquoi, mais sa présence me fait plaisir, tout

simplement.
Puis je réalise. Je n'ai encore rien commencé de ce qu'il m'a demandé l'autre fois, je ne pensais pas le revoir si tôt, pas avant plusieurs jours. Théoriquement je ne suis pas en faute, mais c'est plus fort que moi, je sais que je vais être sur la défensive.
- Liam ?
- Ah Sibylle ! Je vous attendais.
- Moi non. Euh pardon... Excusez-moi. Ce n'est pas ce que je voulais dire, c'est juste que... enfin je n'attendais pas votre visite avant plusieurs jours... Vous m'avez surprise !
- Une bonne surprise, j'espère ?, me dit-il avec un sourire qui se veut taquin.
- Euh.... Oui, oui, bien sûr... C'est juste que... Enfin, pour les documents que vous m'aviez demandé... et bien... ce n'est pas prêt...
- Et ce sera prêt quand exactement ?
Tout de suite, passage en mode « ultra-sérieux »
- Et bien, je pensais avoir plusieurs jours devant moi, alors...
- Qu'est ce qui vous bloquait pour commencer ?
- Rien, mais c'est que....
Et flûte, je n'ai pas envie de me justifier. Il se lève et s'approche de moi... Je ne sais pas si cela a un rapport, mais il m'a bien semblé entendre tonner au loin.
- Ne vous inquiétez pas Sibylle. De toute façon, Eleanor a changé d'avis. Il va falloir réorganiser votre planning d'une autre manière. Nous sommes convaincus que nous allons pouvoir gagner du temps si nous commençons plutôt par l'aile Ouest.
- Mais enfin ! C'est stupide !... Je vous ai fait un exposé sur le sujet la dernière fois, il nous faut revoir plein de choses dans cette partie-là.
- Désolé... Eleanor n'est pas convaincue

- Et vous ?
- Je ne suis pas loin de la rejoindre.
- Mais la dernière fois...
- Il ne me semble pas vous avoir donné mon accord la dernière fois.
- Mouais...
- Je vous demande pardon ?
- Rien, rien... Ce n'est pas ce que j'avais compris, c'est tout !
- Vous avez peut-être voulu comprendre uniquement ce que vous vouliez.
- C'est faux !
Le ton est monté, malgré moi. Je suis en train de partir une fois de plus dans une impasse d'où je ne vais pas pouvoir sortir. Pourquoi nos rapports partent-ils sur de si mauvaises bases ?
J'entends l'orage qui se rapproche.
- Veuillez m'excuser Liam... C'est parti un peu vite...
- Si vous vous en êtes rendue compte, c'est déjà bien.
- Je...
- Oui ? Qu'y a t-il ?
- Et bien... Je ne sais pas... Je n'arrive pas à comprendre pourquoi il nous est si difficile de nous entendre. Peut-être que... Ca ne vous dirait pas qu'on discute un moment... En dehors du boulot, je veux dire... Pour essayer de mettre certaines choses à plat.
- En plein couvre feu ?
- Oh oui, flûte... je suis stupide !
- Non, non, Sibylle... Vous avez peut-être raison... Je pense que c'est une bonne idée... A mon hôtel, il y a une sorte de bar, nous pourrions y prendre un verre.
- Mais après, je rentre comment chez moi ?
- Je vais appeler l'hôtel et vous réserver une chambre là-bas.

L'organisation prendra en charge les frais, ne vous inquiétez pas.
- Cela m'ennuie un peu... Je ne voudrais pas abuser.
- Vous m'invitez et puis vous vous défilez... Est-ce un trait habituel de votre caractère, Sibylle ?
Ah non ! Je ne veux pas qu'il me prenne pour une fiotte, allez flûte, je me jette à l'eau !
- OK... J'attrape quelques affaires et je vous suis.
- Je ne pense pas que vous ayez besoin de votre ordinateur ce soir.
- Euh... Oui... Une habitude.
- Une mauvaise habitude !
- Ça me regarde.
- Bon j'espère qu'une petite bière va pouvoir vous détendre un peu. Ce qui pour le moment ne semble pas gagné.... Quoi qu'il en soit, allons-y, chère Sibylle.
Le léger sarcasme dans ses dernières paroles est bien évidemment visible. Je préfère me taire, je n'ai plus très envie de me disputer. Je sais qu'il me cherche, que comme beaucoup de gens qui me côtoient, il n'a pas mis longtemps à comprendre que je démarrais au quart de tour, et visiblement, cela l'amuse.
Alors je vais éviter de tomber dans le piège, et essayer de surveiller mes paroles pour le reste de la soirée, si je veux que nous repartions sur des bases meilleures. Et puis si jamais il était effectivement une de mes fameuses balises... Je ne veux pas qu'il m'échappe.

Nous avons chacun trois verres de bière posés devant nous sur la table. Une bière locale, très légère, très agréable, tout comme cette conversation. Je m'applique à ne plus être sur la défensive, à essayer de sourire de temps en temps, même si je suis toujours un peu impressionnée et que je baisse les yeux plus souvent que je ne le

voudrais. A son tour, j'ai l'impression que c'est Liam qui lui même se surveille un peu trop. Je sens qu'il fait également des efforts pour paraître à l'aise, et que lui non plus, n'a pas très envie que nos regards se croisent de trop près. Aux questions inévitables sur ma vie et ma situation familiale, j'essaye de rester le plus évasive possible. J'évoque avoir été mariée, mais ne plus l'être. Je pense qu'il faut que je donne une raison un peu plausible sur mon attirance pour ce pays et ces conditions de travail, inutile de parler de mes vrais problèmes, inutile aussi de lui servir mon baratin sur mon goût du risque. Mrs Eleanor Dartmoor lui a immanquablement rapporté la manière dont s'était passé notre entretien.
La déception amoureuse, voire conjugale, le besoin de fuite... C'est plus standard, plus passe partout, même si ça me déchire de parler de mon mariage comme cela. Je dois me protéger, et surtout protéger ma famille, éviter de déclencher le moindre soupçon qui pourrait les pousser à regarder un peu trop loin dans mon véritable passé.
J'ai des recherches à mener, je ne dois pas me griller.
De son côté, je comprends qu'il ne faut pas trop creuser non plus sur sa situation familiale ou amoureuse. Tant mieux, comme cela nous sommes quittes sur le sujet. En revanche, j'apprends qu'il est moitié Irlandais par sa mère, dont il a pris le nom de famille, moitié français par son père, qui a depuis longtemps fait fortune aux Etats-Unis, je n'ai pas très bien compris dans quelle partie, mais avec qui il a de toute façon très peu de contacts.
Un peu grisée par la bière, je lève néanmoins une oreille à l'évocation de l'Irlande, de son enfance là-bas. J'adore ce pays, son ambiance, je rêve également d'y travailler un jour. Je fais une tentative sur le sujet « Al », mais comme je m'y attendais à l'avance, la porte est restée close. Je me promets de remettre le sujet sur la table une autre fois. Je

pense que si Liam fait vraiment partie de mes rencontres prédestinées, nous allons immanquablement nous revoir plus souvent, et il est probable que.... enfin... plus tard.
Après avoir été intarissables en paroles, en anecdotes diverses sur nos enfances respectives, nos études, le chantier, nos phrases s'espacent de plus en plus. Nos regards se croisent de plus en plus. Notre route s'oriente dans une direction plus convenue.
Je ne sais pas encore si je vais laisser mes pas m'y entraîner. Mais en même temps, je ressens un tel besoin de la tendresse d'un homme... Le mien me manque tant... Et je crains de ne plus jamais avoir l'occasion de l'avoir près de moi... Il est pour l'autre, pour moi, pour Sibylle.
Avec Liam, nous allons bientôt atteindre le moment où la pudeur s'efface pour laisser place à la sincérité, où ni l'un ni l'autre n'avons plus le courage de faire encore des efforts pour nous mentir, ou nous protéger. Lorsque le regard ne s'arrête plus à la simple frontière de celui de l'autre, mais s'aventure plus profondément, jusqu'à toucher le vrai et l'intime : son cœur, et son âme.
Nos regards ont oublié la pudeur et la préséance, nos pupilles pensent déjà à l'instant suivant, mais nos paroles et nos gestes sont encore bloqués deux temps en arrière. C'est pourquoi je commence à faire mine de chercher ma veste derrière moi.
- Il est peut-être temps que je regagne ma chambre...
- Oui, il est tard... Pardonnez-moi... je parle trop.
- Non c'est moi... Il y a un moment où j'ai dû vous soûler avec mes états d'âmes...
- Sibylle...
- Quoi ?
- Vous vous flagellez encore.

- C'est plus fort que moi, je vous l'ai dit.
- Oui...
- Je vais à l'accueil, pour... euh... chercher ma clé
- Je vous attends.
- Je reviens.
Je ne me souviens pas vraiment, mais il me semble avoir couru vers le comptoir, et aussi au retour.
- Ça y est. Je les ai.
- Les ascenseurs sont par là, suivez moi...
Nous savons pertinemment l'un et l'autre que l'un de nous deux ne va pas rejoindre sa chambre. Qu'après avoir laissé parler nos regards, nos mains vont certainement exprimer leur besoin de liberté. Qui de nous deux a commencé dans l'ascenseur, je ne sais plus. Nos doigts se croisent très doucement. Le silence semble tout à coup moins oppressant, tout du moins, nous n'avons plus besoin de chercher à le remplir. Lorsque l'ascenseur s'arrête à son étage, et que Liam resserre sa main sur la mienne, je ne dit rien, mes yeux ont dit oui depuis trop longtemps. Ma main vient juste d'approuver. J'entends la voix de ma conscience qui se perd au loin.
J'ai peur bien sûr, peur des conséquences, peur du lendemain... mais aucun signe ne m'indique que je suis en train de me tromper de route. Je suis sur la bonne, et je la trouve belle.

La distance qui nous sépare de sa chambre me semble trop grande, je baisse les yeux, je me concentre sur la chaleur de sa main, sur nos pas, je ne sais pas si je dois dire quelque chose, ni si je dois me presser contre lui. Je ne sais pas quelle est l'attitude convenue dans ce genre de situation, et j'ai le sentiment que je ne suis pas la seule. Devant la porte, ses doigts s'embrouillent, il ne veut pas me lâcher, mais il lui faut bien chercher sa clé. Je le rassure d'un signe de tête, je lui fais comprendre que ce n'est pas grave, je retire ma main de la sienne, j'attends doucement. Je réalise que nous ne nous sommes pas encore embrassés. La porte se referme derrière nous. Seuls. Je ne veux pas qu'il m'embrasse, pas tout de suite, car je sais qu'à l'instant où ses lèvres vont toucher les miennes, le reste de mon corps va s'embraser, et que je vais perdre pied. Je veux profiter d'être encore maître de moi, je veux encore profiter de son visage, de voir mon reflet dans ses yeux, je veux poser ma tête sur son épaule, enfouir mon visage dans son cou, le serrer contre moi et qu'il en fasse autant...

- Vous tremblez, Sibylle...

Il vient de me parler en français, ça me fait fondre.

- C'est l'orage, le bruit... J'ai un peu peur.
- Vous avez peur ?
- Oui, serrez-moi plus fort, je veux que vous me rassuriez, j'ai besoin de ça.
- Tout ce que vous voudrez...
- Chuuut...

La suite... La suite s'est passée comme je l'attendais, comme je l'espérais. Nous n'avions pas souvent été sur la même longueur d'onde pour le travail, mais dans un autre registre, nous avons immédiatement développé une excellente qualité d'écoute. Je ne me souviens pas de tous les détails... et en même temps, j'ai l'impression que chaque seconde écoulée est gravée dans mon corps. Je voulais me sentir vivante, je ne pouvais pas rêver mieux. Mon corps, ce corps qui me faisait douter de la réalité de ma propre existence, ce corps que je ne cessais de tester pour en percevoir le moindre contour, ce corps a pris l'initiative sur mon esprit et je l'ai laissé faire.

Mon esprit, je l'ai laissé s'échapper. Je le sentais virevolter autour de nous, je l'ai vu partir dans l'avenir pour découvrir l'apaisement qui nous attendait après notre étreinte, je l'ai vu s'attarder dans le passé pour revoir les flammes qui embrasaient nos yeux au moment où chacun se découvrait à l'autre, je l'ai senti s'immiscer entre nous dans le présent lorsqu'il aurait voulu qu'une seconde dure des heures, et je l'ai vu disparaître, à la seconde où mon corps entier a occupé tout l'espace.

A l'autre bout du monde, au même instant, Sybille est allongée dans son lit. Les bras le long du corps, elle ne peut pas bouger. Elle est écrasée de sommeil, fatiguée, elle rêve. Son corps lui échappe une seconde, elle le sent se tendre d'un seul coup, une douleur dans le ventre et dans les reins, un grand bonheur, un apaisement. L'orage gronde autour d'elle. Elle se rendort.

## Chapitre 20
*Bagdad mon amour*

Le jour se lève. Je tends la main pour trouver une chaleur rassurante. Je la trouve. Je m'y accroche, j'y prends un appui pour me rapprocher, pour loger mes genoux dans le creux des siens, ma poitrine contre son dos, mon visage dans son cou. Je remue doucement pour le réveiller. Je veux qu'il n'ait aucun doute sur mes intentions matinales, je veux sentir mes yeux pétiller dans les siens lorsqu'il les ouvrira. Le reste se passe tout doucement, en silence, le prolongement de nos rêves, la chaleur de nos premiers souvenirs communs. Apaisée, je l'embrasse sur le bout des lèvres, je lui parle en français :

- Au fait bonjour...
- Oui, bonjour... Tu as bien dormi ?
- Très peu...
- Tiens donc ?
- Il y a un moment où tu arrêtes de me taquiner ?
- Je te taquine ?
- Oui, et tu le sais très bien.

Je me laisse retomber sur mon oreiller, les bras en croix... Je sais que je souris.

- Qu'est ce qui te fait rire ?
- Le tutoiement.
- Quoi ?
- En anglais, on ne sait jamais si on tutoie ou on vouvoie notre interlocuteur... C'est toujours « you », c'est à la fois pratique et

déstabilisant.
- Où veux-tu en venir ?
- Dans mon esprit, je te vouvoyais... respect et distance oblige... et puis je crois aussi que j'étais très impressionnée.
- Tu l'es toujours ?
- Oui... Enfin non... Arrête de me couper, je ne vais pas y arriver...
- Je t'en prie...
- Bon, voilà... Donc je te vouvoyais... D'ailleurs, tes premiers mots de français ont également été « vous ».
- Et...?
- Et ce matin nous nous tutoyons.
- Ça me paraît normal, non ? Tu veux que je te redonne du « mademoiselle Galland » ?
- Arrête ! Ce n'est pas ça... C'est juste que j'ai toujours trouvé cela incroyablement romantique quand un couple se vouvoie jusque dans l'amour, et ne s'autorise à se tutoyer qu'après... J'ai l'impression d'être dans un film.
- Tu l'es peut-être... J'espère que tu n'as pas oublié de sourire !
J'attrape un oreiller et je lui jette à la figure.
- Mais tu es impossible !
- Toi aussi !
Il prononce ces mots en se jetant sur moi, et en me dévorant de baisers. L'instant d'après, je ne sais plus. Je crois qu'on est tombés par terre. Et...
Ensuite nous étions vraiment en retard. Nous allions devoir repartir chacun de notre côté, Liam ne repasserait pas au chantier ce matin, il était juste de passage hier soir (ah bon ?), sa prochaine visite est véritablement prévue pour dans quelques semaines. Nous nous sommes bien évidemment promis de nous appeler.

Pour parler de quoi ? Du boulot, de notre désaccord d'hier soir, ou bien de ce qui venait de se passer et de comment nous allions continuer ? Si nous allions continuer... Comment faire pour continuer à travailler ensemble après cela... ? Nous n'avions même pas eu le temps d'évoquer le sujet.
J'ai des papillons qui font la farandole dans mon ventre et dans mon cœur. Et ma tête... J'avais oublié son existence. Alors je me dis que j'ai encore bien le temps de repenser à la question. Mais cette question justement, cette question. Elle semble résonner comme un écho, comme si je me l'étais déjà posée, il y a longtemps. Je n'arrive pas à me souvenir. Et lorsque je me retourne pour voir encore une fois ce lit défait, cette chambre d'hôtel, les oreillers éparpillés au sol… un gémissement de douleur m'échappe.
Ma tête... C'est si violent que je m'assoie sur la chaise près de la fenêtre. Tout comme lors de l'épisode avec la moto, encore un souvenir, coincé, caché si loin, que je n'arrive plus à savoir s'il s'agit vraiment d'un souvenir, d'un simple rêve, d'un cauchemar, peut-être d'une histoire lue autrefois dans un roman. Une fois de plus je dois renoncer à trop chercher à me souvenir, si je ne veux pas faire éclater ma tête. Mais Liam, ou les évènements qui viennent de se produire semblent d'une certaine façon être liés à mon histoire, et cela suffit à me faire plaisir.

Quitte à être en retard, autant l'être carrément, je voulais repasser chez moi pour me changer, et je n'avais pas la tête à me remettre au boulot tout de suite. Nous n'avions pas de réunion de prévue ce matin, Ted avait déjà prévenu qu'il serait retenu aussi, et du coup notre petite brief quotidien avait été déplacé à 14 h.
J'ai tout de même appelé Lino pour le prévenir que je ne serais là

qu'en début d'après midi. Il s'est bien évidemment moqué de moi, en me disant que ma migraine avait bon dos, et que j'avais certainement trouvé une raison plus agréable pour rester au plumard. Je lui ai demandé d'arrêter de déconner, que ça me faisait mal à la tête, et qu'il ne perdait rien pour attendre. Je n'ai pu m'empêcher de pouffer comme une gosse en raccrochant. Lino avait voulu me faire une blague graveleuse, et manque de pot, il était tombé juste. Ça me faisait trop rire. C'est le cadeau Bonux offert par les petits secrets, et j'espérais juste que mon sourire ne serait pas trop voyant.
La suite des évènements allait me rassurer à ce sujet.
Après avoir ramassé mes affaires et m'être rhabillée, je descends à l'accueil ; comme Liam me l'avait dit, les chambres sont déjà payées. Je veux me renseigner pour obtenir un taxi, et puis finalement en discutant avec le réceptionniste je réalise que je ne suis pas si loin que ça de la maison de Soraya et son mari.
J'hésite un moment, et puis je me sens si heureuse, si vivante, si forte à nouveau... C'est bête à dire, mais c'est comme un sentiment d'invulnérabilité, je me sens chargée d'une énergie qui pétille depuis le bout de mes orteils jusqu'à la pointe de mes cheveux. Je sais que je vais sortir et marcher jusque chez moi.
Sur le pas de l'hôtel, je place mes écouteurs dans les oreilles, je souris aux premières notes de « Fire on the mountain » d'Asa, musique offerte par le précédent propriétaire de mon Ipod, que je bénis chaque jour pour son goût si approprié à mon état d'esprit.

Les rues que je traverse ont toujours cet aspect un peu dévasté, toujours cette poussière, cette couleur brune, sale, égale, la chaleur, les gravats. Les militaires qui marchent en rang, arme au poing, une sirène au loin que je perçois à travers ma musique. Et puis, comme chaque jour, tempête de sable ou pas, faisant fi des détonations proches ou lointaines, les marchands qui ouvrent leurs boutiques, les gens qui prennent le temps de boire un thé, les vieux qui jouent au tawleh[2] à la terrasse d'un café en fumant sur des narghilés usés, et moi au milieu. La lenteur faisait à nouveau partie du quotidien des Irakiens, luxe récemment réapparu, la guerre avait manœuvré pour l'éloigner, sans réussir à le pousser suffisamment loin pour qu'il soit oublié.

Le monde me semble beau. C'est indescriptible comme sensation, mais j'ai l'impression que mes yeux réussissent à ne voir que l'essentiel, comme si tout ce chaos autour de moi trouvait une cohésion, une unité, je vois la vie vibrer à travers la poussière, dans une séquence au ralenti.

Je veux rentrer à la maison en passant par les berges du Tigre... Je devine derrière les arcades fanées de Haroun-al-Rachid les splendeurs passées de ce qui fut la rue la plus vivante et la plus célèbre de Bagdad. Le brouhaha des klaxons s'étire dans un passé pas si lointain, ambiance coloniale, britannique, la fumée des cigares embrume les cafés, Agatha Christie disparaît furtivement au coin d'un mur de béton anachronique... Enthousiaste comme si je connaissais la ville par cœur, je tourne sans la moindre hésitation dans la rue Mutanabbi, la rue des bouquinistes, elle va me descendre vers le fleuve, je sais qu'elle a été réouverte récemment, et je veux croire que malgré les devantures flétries et les trottoirs éventrés, les écrivains et les poètes d'autrefois n'ont pas fuit leur ville et que c'est bien le regard de l'un d'entre eux que je vient de croiser au café Hussein Ajemi.

Je demande un thé, non pas pour le boire, mais pour avoir le plaisir

[2] Tawleh : backgammon (ndla)

de voir s'écouler de la grosse bonbonne qui trône derrière le comptoir, le liquide doré dont j'ai hâte de profiter des arômes, espérant que ceux ci s'imprégneront dans mes cheveux, et dans mes vêtements.
Je m'arrête pour discuter avec le capitaine responsable du premier check-point que je dois traverser, je ne me souviens plus ce que j'ai bien pu lui dire, mais je nous vois rire et plaisanter en partageant une cigarette. Au fur et à mesure de nos échanges, je ne sais quelle magie s'opère sous mes yeux : machinalement il dégrafe la jugulaire de son casque, l'ôte avec ses deux mains et le pose sur le capot de la jeep, continuant de me parler, la cigarette coincée à la commissure des lèvres.
En tirant sur la mienne, je fais mine de ne pas être surprise. Il se frotte vigoureusement les tempes, comme soulagé de se débarrasser de ce poids devenu inutile, le rideau de son arrogance tout en uniforme et en accessoires de guerre, se soulève lorsqu'il pose ses lunettes de soleil sur son front, révélant alors des yeux noirs rieurs qu'il fronce en me lançant un coup de poing amical sur l'épaule.
Comme une succession de plans séquences, mon trajet se poursuit au rythme de ma musique. Au détour d'une allée du souk, je suis entraînée dans une conversation sage et passionnée avec Qazim, vieil imam qui rejoignait ses étudiants : nos gestes et nos phrases arabo-anglaises s'entrecroisent ainsi que les différents noms que nous donnons à Dieu, religion rime avec écoute et sourire. Signes de tête entendus ; après son départ, je garde de nos paroles un petit livre de poèmes dont la beauté devrait me plaire, m'a t-il dit.
Au moment de le quitter je bredouille en baissant les yeux :
- Salam aleikum...
Et j'accueille les syllabes chantantes de sa réponse :

- Oua aleikum salam, oua rharmatul Allah oua barhakato.
Je voulais voir un poète, je serre à présent ses écrits entre mes doigts et je regarde l'ombre blanche et flottante de sa djelabah disparaître lentement au coin de la rue.
Mes pas entre chaque rencontre n'existent pas, il m'est impossible de m'en souvenir après coup. C'est ce que je réalise en partageant mes écouteurs avec un groupe de jeunes assis sur un muret, près du jardin Al Zaoura. Deux palmiers qui n'ont pas été décapités, encore chargés de grappes de dattes jaune d'or, penchent mollement leur bras sur nos épaules, les feuilles bruissent dans le vent tiède. Nous parlons musique un long moment.
Je suis sur un cercle immense, chaque signe lancé, chaque main serrée ce matin assure la continuité de cette ronde, un arc qui s'arrondit de part et d'autre de mes propres bras. Etourdie, je m'envole et j'aperçois comme un fil doré la trace de mon passage.
Je prends à nouveau conscience de la réalité du temps. Peu à peu, le voici qui repasse du ralenti à la vitesse normale. Je lève la tête, je suis juste devant chez moi. Je n'ai pourtant rien fait. Je jette un regard derrière moi. J'ai accompli beaucoup.
A la maison, Soraya me voit arriver en sifflotant. Elle me toise des pieds à la tête, je ne peux m'empêcher de penser qu'elle a compris, mais je ne dis rien. Elle me tend mon panier de linge avec un sourire entendu.
- Au fait, tu n'as pas eu trop de problème avec mon tee-shirt blanc ?
- Lequel ?
- Celui qui était taché de sang.
- Mais enfin Sibylle ! Ton linge était presque propre comme d'habitude, je n'ai pas compris ton histoire de l'autre jour...
- Ce n'est pas possible !

Je pose le panier par terre pour pouvoir fouiller dedans.
- Qu'est ce que tu cherches ?
- Mon tee-shirt !
- Il est là enfin... Arrête de tout déplier... Mais il est propre, il n'y avait aucune tâche dessus je peux te l'assurer.

Les papillons de mon ventre viennent de s'envoler d'un seul coup. A la place, la morsure d'un sanglot est en train d'attaquer mon estomac. Je ne peux plus empêcher mes larmes de couler.
- Ce n'est pas vrai !!!
J'ai laissé le panier renversé derrière moi, et j'ai couru vers ma chambre pour m'y enfermer.

## Chapitre 21
*Retrouver Al*

Rien. Rien. Je ne suis rien, je ne ressens rien, je ne sers à rien, je ne veux plus rien. Je ne suis rien. J'ai le front plaqué contre le miroir au dessus du lavabo, je joue avec la morve qui coule de mon nez, je l'étale sur la vitre, je m'amuse à écrire des lettres. Je trace :

لا شيء

R.I.E.N

Avec mes propres larmes, avec ce fluide qui sort de moi, qui est sensé ne pas exister mais que je vois, que je touche, que je renifle. Je me sentais si belle en me réveillant ce matin, si entière. Je me sens laide, éparpillée, et vide. J'ai mal.

Pour me voir au bureau cet après-midi, ils peuvent se gratter, je m'en fous. De toute façon, je ne vois pas à quoi je pourrais bien servir, je n'existe pas. Ou alors, je suis tout simplement complètement folle, folle à enfermer, et je vais d'ailleurs rester enfermée jusqu'à ce que... je ne sais pas... et merde...

J'ai terriblement envie d'appeler Liam, mais je ne veux pas qu'il m'entende pleurnicher ou larmoyer ; à ses yeux je veux rester forte et capable. Ce qui me terrifie aussi, c'est que vu ce qui vient de se passer avec mon tee-shirt, cette merveilleuse nuit peut tout aussi bien être un pur fantasme.

Et même les preuves... euh... humides, et les petites douleurs de

l'amour qui se logent dans mes reins n'en sont peut-être pas... puisque mon sang lui-même n'existe pas.
Pourquoi les gens me voient-ils, alors ? Pourquoi peuvent-ils me toucher ? Et comment ai-je pu faire jouir un homme ? Pourquoi je vois l'empreinte de mon corps dans mon lit ? Pourquoi ma cigarette me brûle si je la laisse se consumer dans mes doigts ? Je suis quoi exactement ? Je suis qui ? Je suis où ? Et est ce qu'il y a quelqu'un, bordel, qui serait capable de répondre à mes foutues questions sans avoir envie de me faire une injection de laudanum dans la minute suivante ? Ah tiens, si ! Je repense à ma conversation avec Ted. Je lui avais demandé de me laisser faire mes recherches toute seule, je voulais savoir définitivement si je n'étais pas bizarre. Et bien là Ted, tu vois, j'ai la réponse : je suis tout ce qu'il y a de plus bizarre, du bizarre pur jus. Il ne me reste plus qu'à disparaître tout aussi bizarrement et comme ça vous pourrez parler de moi à messe basse comme vous le faites pour Al.

Al.
Je tape mon front contre le miroir. Nom de ...! Mais comment je n'y ai pas pensé plus tôt ? C'est la disparition d'Al qui a justement permis mon départ. Al dont la simple évocation fait détourner les yeux et changer de conversation. Al dont je n'ai jamais réussi à savoir s'il était mort ou pas. Al sans qui je ne serais pas là. Al qui m'a attirée ici.
Al est ma prochaine balise.
Je dois retrouver Al.
D'un revers de la main, j'essuie mon nez, je jette un coup d'œil au miroir, j'ai peut-être mal vu, mais il m'a bien semblé voir une petite lumière au fond de mes yeux rougis. OK. Je fais couler l'eau froide, je m'en asperge le visage en prenant bien la précaution d'éclabousser

partout, j'hésite un moment en regardant le miroir que j'ai copieusement souillé.
Et puis flûte... ça sert à quoi de nettoyer... ça n'existe pas !
Je me rallume une cigarette et je m'appuie contre le rebord de ma fenêtre pour réfléchir. J'ai trouvé une piste, c'est la seule chose qui peut me remettre sur pied, et je vais m'y accrocher. Je me retrouve dans la même situation qu'avant mon départ en Irak. Je dois établir un plan d'action, une liste de tâches. Ma prochaine balise ne va pas me tomber toute cuite dans le bec, alors je vais retrousser mes manches, et je vais la trouver.
Premièrement je vais passer un nouveau coup de fil au boulot. Je ne vais pas bien du tout, ma migraine se transforme en une bonne dysenterie qui fait que je ne peux pas m'éloigner de plus de deux mètres des toilettes, je me sens super faible, et il est inutile de venir me voir, c'est trop embarrassant comme situation. Pour Soraya, il faudra trouver autre chose, je vais lui dire que j'ai décidé de bosser un peu au calme, que j'ai des documents importants à produire pour mes responsables, et que l'environnement du chantier ne se prête pas à la concentration. Finalement je ne regrette pas d'avoir comme à l'accoutumée pris mon ordinateur portable avec moi hier soir. Les deux arguments vont me permettre de rester un peu tranquille quelques jours.
Deuxièmement, je vais faire une petite visite dans les bungalows dès ce soir ; j'ai repéré un endroit d'où on a une vue imprenable sur les fenêtres des bureaux, et sur le parking. Si tout se passe comme d'habitude, j'ai logiquement une petite demi-heure de disponible entre le départ de tout le monde et le début du couvre-feu.
Je vais bien sûr aller récupérer les affaires d'Al.
J'ai encore quatre heures devant moi, je vais en profiter pour me

reposer un peu, parce qu'imaginée ou pas, cette nuit ne m'a pas vraiment permis de beaucoup dormir.

Cette évocation me fait lorgner vers mon téléphone. Liam... Tu me manques déjà.
Mais je sais que ce n'est pas une bonne idée, alors à regret je repose le téléphone que j'avais déjà pris dans ma main, et je l'éteins.

Depuis mon avant-poste derrière le talus qui surplombe le chantier, j'attends encore cinq minutes après le départ de Ted, qui d'ordinaire est le dernier. Il n'y a plus aucune lumière, plus aucune voiture sur le parking, et si jamais l'armée faisait par hasard irruption dans l'enceinte du chantier pendant ma présence, cela ne poserait pas de problème, ils me connaissent tous.
Je regarde quand même à droite et à gauche avant d'ouvrir la porte principale des bureaux, il ne manquerait plus que Ted ayant oublié quelque chose, prenne la décision de faire demi-tour. Allez zou, direction le fameux carton sur lequel je lorgnais depuis plusieurs jours. Je vide tout son contenu le plus rapidement possible dans un gros sac à dos que j'ai pris la précaution de prendre avec moi, je me force à ne pas regarder les documents ou les bouquins que je manipule, je n'ai pas le temps.
Une fois la chose faite, je file dans mon bureau pour chercher de quoi regarnir le carton, de la manière la plus similaire possible. Si jamais quelqu'un prend l'envie d'y regarder de trop près, mon petit stratagème ne tiendra pas longtemps, mais en même temps, vu le caractère tabou associé à tout ce qui concerne Al, je me dis que je peux logiquement être quelques jours tranquille, avant de revenir tout remettre en place. Tout se passe sans encombre, et je saute dans le

taxi que j'avais appelé au préalable, le chauffeur me connaît bien, c'est quasiment toujours lui qui me ramène.
- Beaucoup travail !, me dit-il en désignant mon gros sac.
- Oui ! Encore plus que d'habitude ! Mais j'aime ça.
Puis je place mes écouteurs dans mes oreilles pour lui signifier que ce soir je n'ai pas envie de discuter, et pour essayer de me calmer un peu, car même si ça commence à devenir une habitude, je ne suis tout de même pas une cambrioleuse née.
Arrivée à la maison, j'adresse juste un signe de tête à Soraya par la fenêtre de la cuisine avant de monter dans ma chambre, en désignant mon sac, pour qu'elle comprenne que je m'attaque à mon fameux boulot dès ce soir. Je sais qu'elle ne me dérangera pas. Je soupire de soulagement en m'appuyant contre la porte de ma chambre... Mais juste une minute, car je suis impatiente d'examiner mon butin.
Sans autre forme de procès, je retourne le sac à dos sur mon lit, je m'assois par terre, et j'entreprends de trier un à un les précieux documents. Beaucoup de documents liés au boulot, des cahiers de notes qui ressemblent aux miens, des plans annotés, des plans que je ne reconnais pas, peut-être provenant d'un précédent projet, et qu'il avait conservés avec lui. Nous le faisons tous.
Et ça c'est quoi....? Des croquis, une esquisse de l'aile Ouest... Tiens, tiens... Je crois que je me serais bien entendue avec ce cher Al, visiblement monsieur « perfect-man » avait les mêmes idées que moi concernant ce réaménagement. Il n'a peut-être tout simplement pas eu le temps d'en parler avant sa « disparition ».
En revanche, pas une seule photo de famille, pas un seul dessin d'enfant. Ça m'étonne peu, c'est notre point commun à tous ici. Pas de passé, pas d'attache et... pas d'avenir.
Je me mords les lèvres pour éviter que mes idées noires ne

reprennent le dessus, et m'empêchent d'atteindre l'objectif que je me suis fixé. D'un geste sec, je regarde l'heure sur mon téléphone portable, je me raccroche à mes bons vieux réflexes, organiser, planifier, dresser des listes, conclure. Je me donne encore une heure maximum pour arriver au bout de mon inventaire, et dégager au moins une piste fiable, une voie.

Bien qu'Al ait eu l'air d'être un collaborateur tout ce qu'il y a de plus normal ici, motivé et bordélique, ce qui n'avait rien de surprenant ni de mystérieux, je veux persévérer encore. Il y avait en plus des papiers, quelques livres.... J'ouvre le premier.

Une bible.

Le Nouveau Testament, une jolie édition, très usée... Inattendu, mais pas forcément extraordinaire après tout. Machinalement, je prends le livre dans mes mains et je fais rapidement défiler les pages... L'une des pages est cornée, une seule. Le texte de l'Evangile selon Saint-Jean, « Je suis la vigne et vous êtes les sarments ».

Le verset résonne dans ma mémoire comme le son aigrelet d'une chorale enfantine, écho d'une présence et d'une messe lointaine, litanies rassurantes, et communion de cœur à défaut de foi. Les cris d'enfants qui s'envolent dans la cour de récréation, la voix du père Emmanuel, nos dessins et nos coups de coudes...

Amusée, je triture des mèches de cheveux en écoutant le timbre clair de mes souvenirs se mélanger avec la cacophonie de la rue sur laquelle s'ouvre ma fenêtre de chambre, le bruit monte doucement, étouffé par la nuit. Est-ce donc cela ? Lorsque l'Orient se mélange à l'Occident.

Est-ce donc pour cela ? Cette ville, ces bruits, cette mémoire qui peine à sortir des avenues et des murs redessinés ; les images de notre lointain passé commun qui tentent de s'échapper du béton, des

ornières et des rues qui toussent. A Bagdad, dans Bagdad, terre originelle, terre des jardins, terre des rois... l'idée de Dieu s'impose dans un soupir. Qu'importe la guerre, qu'importe la paix.
Au travers de ces lignes que je viens de parcourir certainement plus de mémoire qu'en lisant véritablement, je veux voir l'image d'une racine solide et profonde. Sans la vigne, plus clairement sans Dieu, ou le Christ, les sarments ne peuvent pas vivre. Nous sommes tous les sarments d'une même vigne, « Je suis la vigne », il n'y en n'a qu'une, elle nous lie tous. Et ce lien qui unit tous les hommes, fut-il Dieu, ou toute autre chose, est une image qui me plait.
Est-ce pour cela qu'Al avait corné cette page ?
Et le livre suivant... Mes succinctes connaissances en arabe me permettent d'identifier ce dont il s'agit. Le Coran. Pareil, une édition visiblement assez ancienne. Apparemment, Al lisait l'arabe dans le texte.
Quant au troisième, je ne suis pas capable de le lire, je ne sais pas déchiffrer l'hébreu. Mais je ne pense pas me tromper en me disant que je tiens dans les mains un superbe exemplaire de la Torah.
Là Al, tu commences à m'intéresser. De toute évidence, ce n'est pas uniquement le besoin d'accomplir un projet de construction à caractère humanitaire qui te faisait vibrer. Il y avait autre chose dans ta vie, c'était indéniable. Et soudain je réalise que j'ignore quel est ton véritable nom. Tout le monde parlait de toi en disant « Al », et j'en avais bêtement conclu que tu faisais partie de l'équipe américaine.
Mais t'appelais-tu :
Alan, Albert, ou même.....
Halid ?

## Chapitre 22
*Suite des recherches*

Il est tard. Je ne sais pas quelle heure il est, mais la nuit est tombée depuis longtemps. Les chats sont déjà venus réclamer leur pitance, et j'ai pu les satisfaire largement puisque Soraya m'avait discrètement monté une assiette suffisamment garnie pour nourrir un demi-régiment et à laquelle je n'avais pas touché. Pas faim. Par contre question cigarettes, si j'en juge à la quantité de mégots alignés sur le rebord de ma fenêtre, je n'ai pas vraiment freiné la consommation. Je suis perturbée suite à la découverte que je viens de faire, et cela fait un bon moment que j'essaye de remettre mes idées en ordre.
Si je récapitule : Al, coordinateur de travaux, et certainement titulaire d'un soupçon de formation d'architecte, ou tout du moins quelque chose en rapport avec le bâtiment, si j'en juge à la qualité des esquisses et des notes que j'ai trouvées, disparaît soudainement dans un attentat meurtrier. C'était il y a maintenant deux mois. Est-il mort ou pas dans cet attentat ? Aucun des membres de l'équipe, pas même Liam, n'a jamais voulu répondre à cette question.
Seul élément factuel à ma disposition : il était alors accompagné de son assistant, un certain Sahid, toujours à l'hôpital militaire depuis deux mois. Vu le temps écoulé depuis lors, ce n'était certainement plus à cause de ses blessures. En d'autres termes il m'est indispensable de trouver un moyen de rencontrer ce monsieur... état critique ou pas, cela m'est égal.
Les seules informations que j'avais pu récupérer de la part des autres au sujet de Al, étaient qu'il paraissait si « incroyablement trop fort »,

et si « trop parfait »... Mentalement, je m'adresse aussitôt une petite réprimande, pour tenter de me concentrer, et de ne pas perdre de temps à faire du mauvais esprit, qui de toute évidence ne fera même pas rire les chats qui allongent et tournent leur cou sur le rebord de ma fenêtre.
Malgré les quelques timides demandes que j'avais réussi à exprimer auprès de mes déjà ex-collègues, pas une seule fois il ne m'avait été autorisé de regarder dans ses affaires, ni même de récupérer ses fichiers ou ses notes, tout était rangé jusqu'à hier soir dans ce fameux carton derrière le bureau de Ted.
Ted. Avec son histoire de secret de l'autre soir, m'est avis qu'il en sait peut-être bien plus qu'il ne veut l'avouer, et qu'il pourrait être intéressant de creuser de ce côté là. D'autant plus que depuis l'épisode des photos, nous possédons lui et moi un petit accord tacite qui peut m'être utile par la suite.
Point suivant, et certainement pas le moins sensible : la religion, et la place de celle-ci dans l'existence énigmatique de mon cher prédécesseur et néanmoins collègue. Pourquoi gardait-il sur son lieu de travail les trois plus grands best-sellers de l'humanité ? Éditions vintage qui plus est. J'avais de très sérieux doutes sur le fait que ce soit pour le côté collector.
Sans trop me forcer, je repensais aux mises en garde d'Hussein avant mon départ, aux rumeurs qui trainaient dans les couloirs des bungalows au sujet de « la disparition », à cet attentat meurtrier dont personne n'arrive à parler. Même si l'association religion, politique et faits d'armes me fait horreur, je n'ignore pas qu'elle existe, qu'elle existe même depuis des milliers d'années ; et pour moi qui aime mettre en évidence les points communs entre les religions, trouver des preuves d'unité, j'aurai volontiers aimé oublier celui-là. La guerre

sainte est un concept qui me fait vomir.

Dans la présence de ces trois livres, ici, à Bagdad, je préfère voir la très ancienne Mésopotamie, les riantes vallées du Tigre et de l'Euphrate, les fruits gorgés de miel, les jardins de Babylone.... et la tour de Babel. Dieu a choisi de disperser les hommes ici, l'unité a été perdue dans ce lieu. Serait-il possible de la retrouver précisément là, au milieu du chaos de ce siècle ? Les acteurs de cette unité, doivent-ils donc être humains ou divins ?

Oh Al... Je voudrais tant posséder le moyen de te trouver. Je crois que j'aimerai que tu me trouves.

Silence.

Ai-je ou pas prononcé ces derniers mots à voix haute ? Je ressens un écho coupable dans le fond de ma gorge, et aussi dans l'œil fixe des chats dont je n'entends plus le ronronnement depuis quelques minutes... Ne dit-on pas que les chats possèdent le don de communiquer avec les esprits ? L'expérience me tente, je referme les livres. Par souci du détail je plisse mes yeux jusqu'à aligner mes paupières sur les fentes dorées qui luisent dans l'ombre, je tends la main pour les toucher, pouvoir saisir une de ces étincelles qui parait-il sont cachées dans leurs flancs. Je n'attrape que leur dédain. Ils ne se sauvent même pas vite, tant ils sont sûrs d'être hors d'atteinte. Suis-je donc si vivante que cela ? Je suis surtout complètement jetée, oui ! Allez, dodo. Demain je me lève tôt. Je crois bien que je vais aller cueillir Monsieur Ted Evans au saut du lit.

Ted loge dans une petite chambre dans une espèce de foyer, style auberge de jeunesse ou apparenté. Le genre de lieu où l'on entre comme dans un moulin à toute heure, en dehors du couvre-feu. Et Ted, dans le plus pur esprit de « je suis libre et sans contraintes » ne

ferme bien évidemment jamais sa porte à clé.
C'est pourquoi je suis depuis dix minutes assise au bout de son lit, à attendre que ce gros nounours se réveille.
- Bonjour Ted !
- Euh, bonjour Sibylle.
Tout à coup, il vient de réaliser...
- Putain Sibylle ! Mais qu'est-ce tu fous là !, dit-il en ramenant précipitamment son drap sur le haut de son corps.
C'est vrai que je venais de découvrir que Ted dormait avec assez peu vêtement sur lui... dit autrement, il était nu comme un ver.
- Je suis venue te dire un petit bonjour. Je me suis dit que ça te ferait plaisir
- Mais je te croyais clouée au lit, ou plutôt... euh...
- Sur la cuvette des WC ? Et bien non tu vois, ça va beaucoup mieux... Enfin, de ce côté là si je puis dire...
- Hein ?
- Je veux dire que je n'ai plus la chiasse, mais que j'ai d'autres problèmes et c'est pour ça que je suis là.
- Ah bon, tu me rassures.
Il vient d'attraper ses lunettes sur sa table de nuit et semble un peu plus détendu.
- Euh Sibylle, tu veux bien te tourner deux minutes, j'aimerai bien passer...
- Ça ?, dis-je en lui tendant un caleçon que j'avais ramassé par terre.
- Oui, merci.
Il me l'arrache des mains, et je me tourne pendant les deux minutes réglementaires.
- C'est bon là ?
- Oui, c'est bon, tu peux te retourner.

- Ted... Bon... écoute... je suis navrée de t'avoir dérangé... si... euh... tôt ce matin, mais voilà... j'ai de grosses difficultés, et je vais devoir à nouveau abuser de ta discrétion.
- Je suis rodé...vas y...
- Bon, tu sais l'histoire des photos l'autre jour...
- Oui.
- Ben j'ai refait l'essai... plusieurs fois... Rien à faire, je n'apparais pas... C'est comme si j'étais une sorte d'illusion ou de spectre, je sais pas...
- Tu déconnes ?
- Je ne crois pas... J'ai même essayé de me planter un couteau dans la main, pour voir si je saignais, tu vois... J'ai arrêté l'hémorragie avec un linge blanc, qui ressemblait plutôt à un Tampax après coup, je peux te l'assurer. Et bien lorsque je l'ai donné à Soraya à laver, en le glissant au milieu de mon linge sale, elle m'a certifié que ce linge, un tee-shirt, n'était absolument pas tâché de sang.
- Tu déconnes vraiment là ?
- Ce qui est bizarre, c'est que j'ai réussi à prendre mon pied avec un mec l'autre soir, alors ça m'a un poil rassurée. Mais finalement, vu tout le reste, je me demande si j'ai pas un peu trop fumé de ton herbe.
- C'était qui ?
- Quoi ?
- Ben... le mec ?
- Non mais tu te fous de ma gueule ?! Je te raconte que je suis en train de virer genre esprit fantôme et tu ne t'intéresses qu'au ragot !
- Euh... Pardon, excuse-moi... stupide réflexe de vestiaire.
- Oui, je vois bien le genre...
Je renifle.
- Tu pleures...

- Bah oui... Je suis un peu paumée, si tu t'en es pas encore rendu compte.
Il tend son doigt vers mes yeux.
- Oui, tu peux y aller on dirait quand même des vraies larmes... Mais c'est pas ça qui me fait apparaître sur une photo.
- Et tu veux que je fasse quoi ?
- Me parler d'Al.
- Laisse tomber.
- Mais quoi ?!
- Laisse tomber, je te dis.
- Purée, non, Ted, je ne vais pas laisser tomber. Écoute, je sais pas pourquoi, mais je crois qu'il y a un rapport entre lui et moi. Il m'arrive des trucs extrêmement étranges depuis un bout de temps, ce serait trop long à t'expliquer, mais c'est en quelque sorte sa disparition qui a provoquée ma venue ici. Il y a justement une omerta pas possible sur les circonstances de sa disparition, et sur tout ce qui peut avoir trait à lui d'ailleurs. Je ne sais pas s'il est vivant ou mort, dans le premier cas, je crois bien que c'est justement la personne qui pourrait m'aider...
- D'une certaine façon, je crois qu'il est vivant
- Que veux-tu dire exactement ?
Ted tire une cigarette du tiroir de sa table de nuit, m'en propose également une, que j'accepte sans me faire prier, il renverse la tête en arrière en soufflant la première bouffée de fumée... Moi j'attends.
- Tu ne vas pas lâcher n'est-ce pas ?
- Au point où j'en suis, si tu veux, je crois que je n'ai pas trop de raisons de lâcher.
- Bon OK.... D'une manière ou d'une autre, tu aurais fini par apprendre des choses... Nous vivons tous dans un milieu un peu trop

fermé sur nous-mêmes... Finalement, tu n'es pas si mal tombée en t'adressant à moi... Je pense que je suis celui de l'équipe qui en sait le plus.
- Je crois que j'avais deviné.
- Ah bon ?
- Ton histoire de secret l'autre jour...
- Oui, bon, c'est vrai... Je me suis bien rendu compte après coup que j'avais gaffé. Mais c'était trop tard. Bon, avant toute chose, il faut que tu comprennes qu'Al était très...
- Parfait oui, ça je sais, c'est la seule chose dont j'ai entendu parler...
- Il excellait dans son travail, c'est indéniable, mais ce n'est pas de ça dont je voulais te parler. Non, Al avait énormément d'autorité et ne se laissait pas faire, mais en même temps, son trait de caractère principal était qu'il était... apaisant, ce n'est pas vraiment explicable... Mais par sa simple présence tout devenait lisse, clair, calme... Il procurait autant de bien-être que je sais pas moi... Une bonne bière fraîche en plein soleil, ou une bonne douche chaude après un effort... Est-ce que tu vois ce que je veux dire ?
- Et bien... avec moi ça a du vous changer.
- Un peu oui... C'est clair... Avec toi au contraire, c'est électrique et pétillant... Mais tu as toujours le sourire, et vu ce que nous vivons chaque jour... C'est très agréable aussi.
- Mais pas autant qu'avec Al.
- Non pas autant... Mais je pense que le pouvoir d'Al, car à ce niveau là on peut vraiment parler d'un pouvoir... ne se rencontre pas chez beaucoup d'êtres humains... A se demander s'il en était un d'ailleurs...
- Tu n'exagères pas un peu là...?
- Peut-être, mais si jamais tu arrives à le retrouver, ce que je te souhaite... Tu comprendras.

- Est-ce qu'il était religieux ?
- Religieux ?
- Oui, est-ce qu'il parlait de Dieu, est-ce qu'il priait ?
- Non, en tout cas pas devant nous, si je devais lui attribuer une croyance, je dirais plutôt qu'il avait foi en l'être humain... Pourquoi demandes-tu ça ?
- Pour rien... continue...
- Mais le plus extraordinaire chez cet homme, est qu'il avait un véritable secret, que je pense être le seul à avoir découvert d'ailleurs. Je me suis même posé la question de savoir si c'était pour cela qu'il a disparu...
- Alors il a vraiment disparu... Il n'est pas mort dans cet attentat ?
- Attends un peu on va y venir.
- Bon alors, c'était quoi son secret ?
- Sa vue... Il est complètement aveugle, et personne ne s'en est rendu compte.
- Attends! Tu dis n'importe quoi ! Comment faisait-il pour se déplacer, et puis les plans ? Le chantier, et puis... Bon écoute, je dois t'avouer que j'ai un peu fouillé dans ses affaires... J'ai trouvé des cahiers noircis de notes, des croquis...
- Ah mais ça c'est tout le mystère d'Al... Il était là avant nous tous, le chantier, il le connaissait par cœur, et il avait une telle perception de son environnement extérieur qu'il s'adressait à n'importe lequel d'entre nous sans jamais se tromper, il arrivait à maintenir son regard très mobile, ses yeux étaient toujours orientés dans la bonne direction, à croire qu'il avait développé d'autres sens en plus des quatre autres pour compenser ce qu'il lui manquait.
- Oui, j'ai toujours été persuadée aussi que nous étions tous capable d'avoir plus de cinq sens.

- Et bien lui, je peux te l'assurer, il en avait un certain nombre en plus... Pour l'écriture, beaucoup d'aveugles écrivent très bien tu sais, et puis il avait son assistant, Sahid, qui ne le quittait pas et qui prenait quasiment toutes ses notes. Quant aux plans, il n'en n'avait pas besoin. Cet homme stockait tout dans sa tête, te gérait même les modifications, et savait en permanence parfaitement où on en était.
- Et les croquis ?
- Oh, ils peuvent très bien être de Sahid, qui les aura dessinés sur ses instructions, cela arrivait souvent.
- Et vous ne vous en êtes jamais aperçus ?
- Jamais.
- Mais pourquoi voulait-il garder ce handicap secret ? S'il s'en sortait si bien, personne ne s'en serait offusqué, je pense...
- Au début, j'ai eu des doutes concernant nos chers employeurs, tu as forcément constaté à quel point les petits handicaps, physiques ou moraux faisaient perdre des points dans les critères d'embauche...
- Je préfère ne pas y repenser...
- Hum... En fait, je pense surtout qu'il savait pertinemment qu'il s'en sortait beaucoup trop bien, que nous n'aurions pas trouvé cela naturel... Tu vois... Et que nous l'aurions regardé vraiment d'un autre œil, c'est le cas de le dire... Cela aurait vraiment fait trop, tu vois ?
- Trop ? Comment ça ?
- Et bien, en plus de son calme communicatif, nous avions tous ressenti au moins une fois la sensation qu'Al, en nous fixant, regardait extrêmement profondément... Pas forcément lire nos pensées ou un truc du genre, mais qu'il voyait au fond de nous, de notre âme. Qu'il voyait mieux que nous les choses belles... et les choses moins belles, et qu'il ajustait son discours en fonction. Il nous est à tous arrivé de nous sentir à poil sous son regard. Et vu ma

réaction tout à l'heure quand j'ai réalisé que tu étais là, et que moi j'étais... enfin..... Tu dois comprendre ce que je veux dire...
- J'ai compris l'idée, oui. Mais ton discours me donne aussi une autre impression bizarre.
- Laquelle ?
- Al avait beau être aussi exceptionnel que tu me le raconte, je ne peux m'empêcher d'avoir des doutes sur les véritables raisons de cette vénération que vous lui portiez tous. Quels mots a-t-il bien pu prononcer pour vous toucher tous aussi profondément, je trouve cela presque inquiétant.
- J'ai du mal à te suivre.
- Je pense que si, Ted, mais que tu continues de me mentir un petit peu... Il n'y a pas que ton lapsus au sujet du secret qui m'a fait réfléchir... Il y a aussi les rumeurs que j'ai entendues à mon arrivée. Ces mots que vous vous échangiez à messe basse...
- Je préfèrerai que tu t'arrêtes là...
- Pourquoi ? C'étaient quoi ces histoires d'armes, ces plans qui ont été soi-disant trouvés... Qu'est ce que vous cachez en réalité ?
Ted baisse les yeux en tirant longuement sur sa cigarette, il se lève de son lit pour s'approcher de la fenêtre, il me tourne le dos. Je crains d'être allée trop loin.
- Ted ?!...
- Tu crois savoir... Mais tu ne sais rien, rien du tout.
- Le seul secret que je veux briser, Ted, c'est celui de ma vie, ma présence ici, mes intentions ne sont pas malsaines.
- Désolé de briser tes illusions, Sibylle, mais rappelle-toi juste le nom du pays dans lequel tu es venue. Qu'est-ce que tu crois enfin ! Les armes et les munitions font partie du quotidien ici, sans distinction d'âge, ou de religion. Elles ne sont plus l'apanage ni d'un parti ni

d'une élite. Entre les pillages qui ont suivi la chute de Saddam, les déserteurs... tous les types plus ou moins louches qui sont entrés dans le pays depuis le début de la guerre, et aussi à cause d'un hôte de choix bien connu des Irakiens...

- Lequel ?
- La peur.
- Quel rapport avec le chantier, avec nous, avec Al ?
- C'est compliqué...
- Essaye toujours.
- Et bien... Il n'y a pas que la présence des soldats qui contribue à notre sécurité, à la bonne marche du chantier.
- Continue...
- Disons... qu'avec Faissal et Lino, nous facilitons de temps en temps certains échanges...
- Quels échanges ?
- Ne va pas trop loin, Sibylle, je n'en dirai pas plus.
- Et Al ?
- Disons... qu'il fermait les yeux... Façon de parler... Et je te rassure tout de suite, Al ne nous a pas endoctrinés, ni obligés à quoi que ce soit... Il n'en n'avait pas besoin.
- Et toi... Comment as-tu fait pour découvrir ce qu'il vous cachait ?
- En ville... je l'ai croisé... Je m'étais aventuré un peu loin du chantier, même si cela n'est pas très recommandé, j'aime bien.
- Je comprends.
- Bref, j'étais dans des quartiers vraiment déserts, pas un chat dans les rues, je pensais vraiment que je n'allais croiser personne, et je pense qu'Al non plus. Je l'ai vu sortir d'une maison, avancer en tâtonnant, puis se retourner le bras tendu. Il attendait Sahid, et dès que ce dernier est arrivé, il s'est appuyé sur son épaule, il avançait ensuite

dans la rue en laissant une main courir le long du mur, et l'autre était cramponnée à l'épaule de Sahid.
- Il pouvait simplement être fatigué
- C'est vrai qu'il avait montré des signes de fatigue dans la semaine. En même temps...Vu le rythme qu'on mène tous, cela ne semblait pas vraiment surprenant, même pour quelqu'un d'aussi exceptionnel qu'Al. Mais, je ne sais pas... par réflexe, je m'étais caché derrière une voiture, j'avais senti que les choses ne se passaient pas normalement. Et au moment où ils sont arrivés à ma hauteur, j'ai risqué un œil dans leur direction. J'ai vu son regard.
- Et alors ?
- Il était vide... complètement vide... J'ai compris.
- Et...
- Et bien, c'est Al tout de même... Il a senti ma présence, je le sais. Il a tourné la tête vers moi. Je ne sais pas comment il pouvait faire ça, mais il m'a semblé voir son regard prendre une couleur noire, acérée, il y a mis de la dureté... Genre... « Tu as vu quelque chose que tu n'aurais pas dû voir »... Tu comprends. Le toucher, c'était s'élever. Le blesser, c'était descendre. Je me suis senti tomber, un temps infiniment long. Je ne devais pas être là. J'avais vu une chose que je n'aurais pas du voir. Une chose dangereuse, sans doute. Que complotaient-ils tous les deux ? Étaient-ils vraiment ce que nous croyions : un ingénieur, et son assistant ? Il était impensable de continuer à m'interroger à ce sujet sans bouger. J'allais me liquéfier sur place. Le miaulement d'un chat a rompu le silence, et le fil qui me liait à lui. Retrouvant l'usage de mes pensées propres et de mes jambes. Je n'ai pas demandé mon reste pour m'en servir. J'étais à une vingtaine de mètre d'eux, j'ai couru, je me suis enfui.
- Et...

- Et ensuite rien... L'attentat a eu lieu le lendemain matin.
- Que s'est-il passé ?
- Une bombe, dans un restaurant... un attentat-suicide. Sahid ne s'en est pas trop mal sorti, parce qu'il était parti pisser un coup juste au moment où la bombe a explosé... Ça a été très meurtrier tu sais... Cinq personnes sont mortes, et Sahid était dans un sale état.
- Et Al...
- On a jamais retrouvé son corps... ou ses restes, vu l'ampleur des dégâts.
- Il a très bien pu sortir, tout comme Sahid.
- Impossible, Sahid l'avait quitté depuis moins d'une minute, et toutes les personnes qui se trouvaient dans un environnement proche ont été soufflées, non ce n'est pas cela.
- C'est quoi alors...
- Al était assis à côté du kamikaze.
- Bon Dieu !
- Comme tu dis, oui.
- Et vu tout ce que je t'ai raconté sur Al, tu comprendras aussi que même si nous n'en n'avons jamais parlé entre nous, nous avions tous le même genre de pensées. La disparition du corps d'Al ne pouvait pas être naturelle.

## Chapitre 23
*Sahid*

Il a dû s'écouler cinq bonnes minutes après que Ted eut fini son récit. Nous avons tous les deux calmement fini notre cigarette, sans un mot, en nous regardant. Ce n'est qu'au moment où nous avons écrasé de concert nos mégots dans le petit cendrier qu'il avait placé sur le lit, que je me suis décidée à rompre le silence.
- Et Sahid ?
- Il a été transporté à l'hôpital militaire comme tous les autres blessés, il était vraiment dans un état critique, pas uniquement à cause de ses blessures.
- À cause de quoi ?
Ted tapote sa tempe avec son index :
- Sa tête... Il délirait complètement.
- Et maintenant ? Ça fait plus de deux mois si je calcule bien.
- Oui... deux mois... Côté blessures physiques, ça va plutôt bien. Côté ciboulo, c'est toujours pas ça. Je vais lui rendre visite régulièrement, j'étais auprès de lui hier matin, quand je ne suis pas venu au boulot.
- Tu crois que je pourrais le voir ?
- Pourquoi faire ?
- C'est la dernière personne à avoir vu Al. Si ça ne tourne plus très rond pour lui, c'est forcément lié à tout ça. Peut-être qu'il pourrait m'aider... Me donner un point de départ.
- Ça risque d'être difficile.
- Pourquoi ?
- La moindre vue d'une femme le plonge dans une crise d'angoisse

proche de l'épilepsie depuis l'attentat. Ni sa femme ni sa sœur n'ont pu l'approcher depuis deux mois. Je doute que ta visite le fasse bondir de joie et le rende subitement très loquace. Tu ferais mieux d'oublier cette idée.
Non Ted, je ne vais pas me laisser démonter comme cela, et si tu n'as pas encore compris, je vais m'appliquer pour te l'expliquer, me dis-je à moi-même.
- Et si je n'avais plus l'air d'une femme ?
- Comment ça ?
- Je peux parfaitement me débrouiller pour cacher ma véritable nature, et s'il est effectivement encore un peu dans le gaz... ça ne devrait pas être trop compliqué. Je veux le voir, et si ça pouvait être aujourd'hui, ce ne serait que mieux.
- Sinon ?
- Sinon, et bien on continue à faire comme si de rien n'était, et un jour ou l'autre quelqu'un d'autre s'apercevra que je ne noircis aucune pellicule photo, ou qu'on peut me planter un couteau dans la paume de la main sans que ça me fasse plus d'effet qu'un courant d'air ; et avec ce qui est arrivé à Al, je vous laisserai vous débrouiller avec les conclusions que les gars du chantier ne manqueront pas de tirer sur ce qu'il peut leur coûter de bosser sur ce projet. Vu qu'ils sont tous plus ou moins croyants, je pense que l'effet peut être intéressant.
- Oui OK... Effectivement, vu comme ça.
- Alors on est d'accord ?
- Euh... oui... mais attends, je reviens juste sur ce que tu viens de dire.
- Quoi, sur les gars du chantier ?
- Non avant.
- Sur le couteau... ?
- Purée, non, Sibylle ! Avant !

-...?
- Sur la pellicule photo !
- Et ben quoi ?
- Mais enfin, tu ne noircis pas de pellicule, tous tes essais ont été faits avec du numérique, non ?
- Oui... Et après ?
- Et bien, il n'y a pas de pellicule dans les appareils numériques.
- Oui, merci je sais... Je sais que je suis blonde, mais quand même... C'était juste une expression pour dire que...
- Oui, oui, j'ai bien compris ce que tu voulais dire. Mais, si tu... enfin ton corps, ou quoi que ce soit d'autre n'apparait pas sur du numérique, mais cela vaudrait peut-être le coup d'essayer avec de l'argentique ?
- Pourquoi ?
- Parce que c'est chimique, parce que si on peut te toucher ou te sentir, tu dois forcément produire un effet sur la lumière, puisque tu le produis sur la matière. Peut-être qu'avec un éclairage spécial, ou différents essais on arriverait à te faire noircir une pellicule.
- Et ça servirait à quoi ?
- Mais à essayer savoir ce que tu es... C'est bien sur cela que tu as des doutes, non ?
- Oui... et aussi de savoir pourquoi je suis là. C'est pourquoi je veux voir Sahid.
- Tu ne lâches jamais, toi !
- Jamais !
- Bon OK, mais pas aujourd'hui, je ne peux pas t'emmener. Mais par contre je peux prendre mon après-midi demain... Si effectivement tu peux avoir l'aspect d'un homme, on peut tenter le coup.
- Merci Ted...

- On se retrouve ici, demain... disons 14h00
- OK, je serai là.
- Et en attendant je vais me démerder pour récupérer du matériel argentique.
- Si tu veux.
- Je vais t'aider, Sibylle.
Je sens mes yeux qui me brûlent, mon menton doit certainement trembloter de manière pitoyable et le grillage de mes cils ne peut plus retenir le flot de larmes qui ne demandent qu'à couler... Agacée par cette réaction, je détourne la tête.
- Ne pleure pas...
Si Ted, si...
-Tu es si gentil... et puis cette eau...Je la sens, tu la vois...Alors même si rien de tout cela n'existe, au moins pendant que je pleure... J'en ai l'illusion... Tu comprends.
- Oui.
- Allez, je te laisse, à demain alors.
- A demain Sibylle.

Une journée. J'ai une journée entière à tourner en rond, pour essayer de décortiquer calmement tout ce que je viens d'apprendre sur Al, sur Sahid, et sur ce que je risque d'apprendre sur moi. J'ai l'impression que Ted s'est fait plus rapidement que moi à l'idée que je pouvais ne pas être, que je n'étais pas, que j'étais... tout sauf une personne normale. Tout sauf une personne tout court.
Je suis même rapidement devenue un sujet d'expérience.
Il y a peu de temps, je cherchais à multiplier les preuves de la réalité de mon existence, je voulais prouver que j'étais justement une vraie personne avec une enveloppe extérieure, avec de la chair, avec des

tripes et je bénissais chaque sensation éprouvée. Je suis même allée trouver la plus belle, celle qui faisait de moi une femme.
Et voilà qu'à présent je vais tout faire pour prouver le contraire. Je ne sais pas quelle sera la réponse, je ne sais pas ce que je vais trouver, mais je pense ne pas trop me tromper en imaginant que ce sera déstabilisant ou destructeur.
J'avais commencé par accepter que je pouvais bénéficier d'une nouvelle existence à part entière. Que quelque chose de surnaturel avait créé un deuxième être de chair, que j'avais une nouvelle vie et qu'il fallait que j'en fasse quelque chose d'utile, de cohérent, d'humain. Et alors que je commençais à peine à sentir mon appartenance à ce monde, à percevoir le soupçon de contribution que ma vie pouvait y apporter, j'allais tout faire pour découvrir que tout cela n'était finalement qu'une illusion.
Comme si le besoin de réponse que ressent à un moment ou à un autre chaque être humain le poussait à aller plus loin, à sans cesse chercher ailleurs, à risquer de perdre ce qui a pu être si difficile à obtenir, à remettre en jeu ses acquis, pour ne pas accepter que la quête ait une fin... A perpétuer un mouvement, à faire en sorte que le Graal ne soit jamais trouvé, toujours cherché.
Et toi Al ? Est ce que tu m'attends ? Est ce que tu m'as vraiment appelée, comme je le crois ? Sais-tu qui je suis, ce que je suis, ce que je dois faire, ce que je dois trouver, ce que je dois abandonner ? Et toi Sahid ? Arriverais-je à te faire dire ce que j'attends ? Es-tu si mal en point ? Une journée. Dans une journée, je saurai.
En attendant, il faut que je puisse cacher ma nature de femme. Je suis grande, et je suis loin d'être un échalas, donc point de vue silhouette ça ira, il faut juste que j'évite de mettre un haut trop moulant, voire que j'arrive à planquer un peu mes seins... ça ne devrait pas être trop

compliqué. Mes cheveux... Je sais déjà ce que je vais faire, ça me fait mal au cœur mais je n'ai pas d'autre solution, je vais devoir opter pour une coupe militaire, ultra courte, et laisser tomber ma frange et mes mèches qui encadraient doucement mon visage.
Je suis devant mon miroir, qui est parfaitement net d'ailleurs. Je ne peux m'empêcher d'écouter la petite voix rassurante qui me dit que Soraya est certainement venue faire le ménage en mon absence, mais en même temps, je sais que je vais m'abstenir de lui poser la question. J'ai déjà été ridicule une fois, cela suffit.
Je suis appuyée les bras tendus sur le lavabo, j'approche mon visage du miroir, puis je passe la main dans ce qui reste de mes cheveux et j'essaye de me convaincre. Je me demande si les mèches blondes que j'ai ramassées et mises dans un sac en plastique vont elles aussi disparaître, mais j'ai déjà pris la décision de m'en débarrasser dans une poubelle loin de la maison, je n'ai pas vraiment envie de connaître la réponse.
Le souci, c'est mes yeux. Les courbures de mes traits, de mes cils, sont beaucoup trop féminins, même si je ne me maquille pas. Je ne sais pas trop comment faire.
Je vais être obligée de les cacher derrière les lunettes noires que j'ai achetées à Paris. Et je repense au jour où je venais de les acheter, c'était juste avant d'aller voir Hussein. Cela me semble si loin, et en même temps, c'était hier.
Un chèche autour de mon cou pour en cacher un peu la finesse, un treillis ample, mes chaussures de rando, une bande pour comprimer ma poitrine, ma chemise blanche et on va dire que ça ira, au moins pour les quelques minutes qui me seront nécessaires pour poser les questions qui me taraudent.
Et d'ailleurs... Par où vais-je commencer ?

Lorsque Ted est venu me retrouver dans sa chambre, je l'attendais déjà, je m'étais volontairement accoudée à la fenêtre pour qu'il me voit de dos, et que je puisse tester si je faisais illusion, au moins vue de ce côté, même aux yeux de quelqu'un qui me connaissait bien. J'ai tout de suite reconnu sa voix lorsqu'il a dit :
- Euh..., excuse-moi mec, mais c'est ma chambre là !
Je me retourne et je lui dis :
- Bonjour Ted, moi aussi je suis ravie de te voir !
- Sibylle ?!
- Oui... Alors, t'en penses quoi ?
- Pas mal ma grande... Pas mal du tout... mais tes cheveux ??
- Tu croyais que j'allais faire quoi, je n'avais pas tellement le choix.
- N'empêche...
- Bon allez, laisse tomber, on y va quand ?
- Tout de suite. Mais s'il te plait, essaye d'être moins nerveuse. Sahid n'est pas vraiment stable, et si tu l'attaques bille en tête avec ta voix pointue en le bombardant de questions, ça ne va pas vraiment le faire.
- OK... message reçu... je vais essayer d'être sage. Promis.
En fait, je n'allais poser aucune question, je savais ce que je devais faire. Si Sahid avait soudainement des angoisses inexpliquées à la vue des femmes, j'avais une petite idée sur la raison, même si je n'avais pas vraiment hâte de voir mes suppositions confirmées, il fallait que je tienne le coup.
- Je te suis, Ted.

En arrivant à l'hôpital, Ted me présente comme un ancien jeune collaborateur de Sahid, en déplacement à l'étranger jusqu'alors, qui

vient d'apprendre l'accident et qui tient absolument à le voir.
- Vous allez être surpris, je vous préviens, dit l'infirmier qui nous accueille.
- Je suis prêt.
OK, j'ai réussi à répondre au masculin. Mais j'ai intérêt à économiser mes mots au maximum, mon timbre de voix, même forcé, ne va pas faire illusion longtemps.
- Je vais vous accompagner, par sécurité. Si jamais il part dans une crise, c'est tellement impressionnant qu'il faudra le neutraliser au plus vite. Pour sa sécurité, vous comprenez. Par contre, n'espérez pas trop pouvoir communiquer avec lui, la plupart du temps, il ne dit rien, il n'a pas quitté cet état quasi catatonique depuis que nous avons réussi à le guérir de ses blessures. Toutes ses fonctions vitales, y compris son cerveau fonctionnent normalement, mais il est parti dans un endroit dont nous n'arrivons pas encore à le sortir.
Bon et bien comme ça c'est dit. Le tableau n'est pas très gai, mais ma conviction demeure. Je sais exactement ce que je vais faire. Je m'assois sur une chaise à côté de son lit. Ted reste derrière moi, sa présence me rassure. Sahid est dans une position demi-assise, le dos calé par plusieurs oreillers, son regard est fixe, mais il respire calmement. Je me lève doucement et d'un signe de tête, je fais comprendre à Ted ce que j'envisage de faire ; il m'approuve et se lève également pour expliquer à voix basse à l'infirmier ce qui va se passer. Avant que ce dernier ne réagisse et m'empêche d'agir, je m'assois tout doucement sur le lit à côté de Sahid, je me tourne de manière à ce que mon visage lui fasse face. Très doucement, j'enlève mes lunettes, j'approche mon visage du sien, mais pas trop près, je serre doucement sa main. Je dis tout bas :
- Sahid, Sahid...

Instantanément, je vois ses yeux retrouver une légère mobilité. Lorsque son regard croise le mien, ses pupilles s'agrandissent d'un seul coup, sans me tromper je sais que je suis face à face avec la peur. Il lève le bras vers moi, et prononce plusieurs fois les mêmes mots... Son ton est affolé. Mes connaissances en arabe sont à présent suffisamment affutées pour comprendre sans traduction ce qu'il vient de me dire :

« C'est toi ! C'est toi ! »

Alors que l'infirmier s'apprête à lui faire une injection, je retiens son bras avec la même fermeté qui m'avait permis de contenir Nabil... à Paris. J'essaye de prendre ma voix la plus calme et la plus rassurante possible pour lui demander doucement en arabe :

- Je suis qui Sahid, je suis qui pour toi ?
- La femme ! La femme...! Al m'avait prévenu !
- Al t'avait dit que je viendrais ?
- Oui, et je ne voulais pas te voir... oh non je ne voulais pas !!
- Mais enfin pourquoi Sahid... dis-le moi !
- Parce que tu es morte !

## Chapitre 24
*Une larme*

Les mots de Sahid m'ont comme « débranchée ». La surprise, sans doute, mais je crois que c'était pire que cela. Même si je m'attendais à une bizarrerie de ce genre, je réalisais que je n'étais pas préparée à cette brutalité, et le premier effet a été le relâchement de ma prise sur le bras de l'infirmier. Ce dernier en a instantanément profité pour planter son aiguille dans le bras de Sahid et lui administrer une dose de tranquillisant dimensionnée pour un bœuf, car la tension de son corps a aussitôt disparue, comme un jouet brutalement débranché, sans même que je perçoive la moindre inertie : ON-OFF.

Et visiblement, monsieur l'infirmier savait très bien manipuler le bouton OFF. Je me suis d'ailleurs demandée si au passage sa seringue n'avait pas ripé sur mon bras, car j'étais moi aussi incapable de bouger, je me souviens à peine avoir entendu Ted m'appeler, une fois, puis deux, puis me prendre par les épaules pour me faire lever, et enfin m'emmener dehors.

Seule la lumière encore extrêmement blanche du soleil a réussi à redonner de la mobilité à mes yeux, et à faire que je produise à nouveau un geste par moi-même : me les frotter.

- Sibylle, ça va ?...Ohé ! Sibylle... Réponds-moi !

- Tiens ? Tu ne me crois pas morte, toi ?

- Tu vas arrêter tes conneries, oui ? On sait toi et moi qu'il y a un problème, mais même si je n'en n'ai jamais rencontré, je pense que je saurais reconnaître un fantôme et je peux t'assurer que tu n'en n'es

pas un !
- Je ne suis pas super convaincue là.
- Tu veux que je te pince encore ?
- Euh, finalement... non merci... non, ça ira.
- Bon... Je préfère ça.
J'essayais de fanfaronner devant Ted, parce que je ne voulais pas l'effrayer, je ne voulais pas qu'il me laisse tomber, pas maintenant. Mais en réalité j'étais vraiment secouée. Je voulais bien être une sorte de créature surnaturelle, un mirage, ou je ne sais quoi d'autre. Mais morte, ça non !
Car si j'étais morte, cela voulait dire que l'autre Sibylle aussi. Mais alors, mes enfants ?! J'étais paniquée.
Non, la seule explication était que Sahid se trompait, ou bien plus vraisemblablement qu'il n'en n'avait pas dit assez... Et si seulement ce connard d'infirmier n'avait pas....
- Ted ?
- Oui ?
- Il faut qu'on y retourne.
- Où ça ?
- Revoir Sahid, il faut qu'on lui reparle, je ne peux pas me contenter de ça... Il sait des choses, c'est évident... et...
- Tu es folle ! Tu imagines bien qu'avec ce qui vient de se passer, ça va faire le tour de l'hôpital, et la prochaine fois, je peux t'assurer que ce n'est pas un bête infirmier qui nous accueillera, mais le capitaine médecin... Et là, on ne passera pas, tu peux me croire !
- Alors on reviendra en dehors des horaires de visite.
- Quoi ?
- On va revenir la nuit.
- Oh là, oh là... Attend, ma grande, là ça va trop loin. Si tu crois que

je vais te suivre dans ce plan, tu te fourres le doigt dans l'œil.
- Ted ! Hier, tu as dit que tu voulais m'aider, je sais pas pour toi, mais moi j'ai pris ça comme un engagement. Et venant de ta part, je n'ai pas imaginé une seule seconde que ça pouvait être du flan.
- Oui, oui... mais là...
- Là, tu te trouves avec une quasi morte devant toi, et la quasi morte te demande de la ramener à la vie. Si tu ne le fais pas... ça s'appelle de la non-assistance à personne en danger... et...
- C'est bon, c'est bon. T'es pas obligée de sortir le réquisitoire complet... Bon, j'imagine que tu as ton idée ?
- Oui, on fonce dans le tas, on les tue tous, et on sort Sahid de là pour l'interroger au fond d'un cachot humide.
- Tu déconnes ?
- Évidemment que je déconne ! Non, je n'ai pas encore d'idée...
- Je connais un des mecs qui s'occupe de la sécurité... Peut-être que...
- Et c'est maintenant que tu le dis ?! Un mec en qui on peut avoir confiance...?
- C'est un des soldats que je fournis en... Enfin, tu vois ce que je veux dire... Et ces derniers temps, il m'est plutôt redevable... Alors oui... je pense qu'on peut avoir confiance.
- Et tu vois les choses comment ?
- Et bien je peux prendre contact avec lui, et voir quel jour il est de garde la nuit pour qu'on puisse s'introduire dans l'hosto à ce moment là... Putain ! Je sais plus ce que je suis en train de raconter là...
- Mais si, Ted... Tu le sais parfaitement. Continue, c'est moi qui te le demande. S'il te plait.
- Bon OK, je vais prendre contact... Mais ça ne dit pas comment on va pouvoir se balader dans Bagdad en pleine nuit.
- Là par contre j'ai mon idée.

- Et c'est ?
- C'est qu'on ne se balade pas justement... Moi je crois bien que ma dysenterie reprend de plus belle, et que je vais avoir besoin de rester en observation dans un bon hosto et toi... Vu tous les potes que tu as ici dans la zone verte, tu vas certainement trouver un moyen de te faire offrir une petite nuitée dans les environs. Je me trompe ?
- Une fois de plus, j'ai l'impression de me faire avoir... mais OK, je marche.
- Alors c'est toi qui donneras le signal ?
- Oui, on fait comme ça... C'est moi qui t'appellerai...
- OK, d'accord, tu appelles...
- Et on se fait une bouffe.
- Je compte sur toi Ted.
- Je sais...
Juste avant de se retourner, il m'a retenue en posant sa main sur mon épaule. Ce geste me faisait plaisir, parce que je le sentais.
- Sibylle ! Tu te souviens de ce que nous racontais Sémir, sur les heures qui ont suivies l'ultimatum de Bush en 2003, les heures qui ont précédées les premières bombes ?
- Oui.
- Et toi, tu aurais fais quoi ?
- Comme lui... J'aurai continué à vivre.
Et nous nous sommes quittés comme ça, comme si c'était la chose la plus naturelle du monde. Un pacte entre un fantôme et un dealer d'herbe. J'espérais juste que cela ne nous mènerait pas en enfer.
Je ne me souviens plus trop de ce que j'ai pu faire en attendant l'appel de Ted, si ce n'est que j'ai tenté au moins douze fois de joindre Liam sur son portable, et que je suis systématiquement tombée sur sa messagerie sans même une sonnerie. Téléphone

coupé, ou bien occupé. Les deux premières fois, j'ai laissé un message, le plus évasif possible, avec uniquement des sujets de boulot, mais en reprenant ma voix la plus douce, celle avec laquelle je l'avais réveillé l'autre matin. En espérant que ce soit suffisamment évocateur ou suffisamment ambigu pour qu'il comprenne. Et en même temps, si je n'avais fait que rêver tout cela. Et bien... aucun de mes mots ne dépassait le cadre professionnel... Alors... Mais au bout de la dixième fois... En ayant essayé quasiment à chaque heure de la journée, je commençais à avoir de sérieux doutes. Je ne souhaitais vraiment pas que ce qui s'était passé entre nous, ne soit que le fruit de ma pauvre imagination.
Mais je souhaitais encore moins classer Monsieur O'Calahan dans la catégorie des salauds. Il me semblait impossible de m'être trompée sur son compte. Mais plus que tout, je refusais de m'être trompée. Même si, même si... Je ne savais pas comment lui expliquer, comment lui dire... lorsque j'arriverai enfin à le joindre, qu'il avait probablement fait l'amour à un mirage.
C'est à ce moment que j'aurais bien aimé enfouir mon visage dans ce gilet qui avait si souvent accompagné mes épanchements et ma tristesse à Paris. Je me souvenais pourtant l'avoir fourré dans le fond de mon sac de voyage avant de partir. Mais impossible de remettre la main dessus. Détail amusant, mes fameux escarpins qui bien évidemment ne m'étaient plus d'aucune utilité... mais qui me rappelaient ma vie d'avant, avaient eux aussi disparus... Une bizarrerie de plus qui aurait pu s'expliquer simplement par une de mes nombreuses étourderies, mais une intuition lovée au creux de mon ventre me persuadait peu à peu du contraire. J'allais bientôt en arriver à ne plus savoir reconnaître mes phases d'éveils ou de sommeil.

Il me devient de plus en plus difficile d'avoir une notion précise du temps qui s'écoule. Je suis assise en tailleur sur mon lit, au centre de cette confusion feutrée qui me permet de mêler le jour avec la nuit, hier avec demain. Amusée, je regarde tout autour de moi la trace persistante des images de ces instants qui furent et de ceux qui ne sont pas encore. Cette illusion forme un tourbillon coloré, une écharpe qui bruisse et claque sans émettre le moindre son. Je tends la main devant moi pour capturer une image, une touche play enfoncée dans mon ventre projette alors sur grand écran une scène jouée peu de temps après mon arrivée.
Je suis dans mon bureau, un soir, je pense être seule dans les bungalows, lorsque je sursaute au son de coups timides frappés à ma porte. Je me lève pour aller ouvrir, juste à temps pour recevoir Nabila qui s'effondre dans mes bras. Je suis tentée de la serrer contre moi et de chercher à consoler cette peine dont j'ignore la cause, mais je suis trop jeune dans l'équipe et dans ce pays pour maîtriser exactement les conséquences d'une attitude dénuée de distance. Je me force donc à prendre ses épaules et à l'écarter doucement de moi pour observer son visage et lui demander :
- Qu'y a-t-il Nabila ? Mais qu'est ce qui te met dans cet état ? Instantanément, elle reprend ses esprits, tout dans son visage recomposé me laisse supposer qu'elle regrette cette soudaine perte de contrôle. Il n'y a aucune larme sur son visage fier.
- Excusez-moi, miss Galland, j'ignore ce qui m'a pris, je n'aurai pas dû.
- Sibylle... Nabila, appelle-moi Sibylle, s'il te plait.
- Sibylle...
- Oui, s'il te plait... Mais tu sais, ce n'est pas nécessaire ni de t'excuser,

ni de te défiler. Si quelque chose ne va pas, ou se passe mal, c'est mon rôle d'être là pour écouter. Détrompe-toi, tu n'as pas frappé à la mauvaise porte. Alors je te repose ma question : qu'est ce qui ne va pas ?

Ce faisant, je m'écarte d'elle, pour l'inviter à s'asseoir sur le petit tabouret devant mon bureau. L'exiguïté de la pièce est telle que je dois me serrer contre la paroi pour arriver à refermer la porte derrière la jeune femme, sans la bousculer. Dans un soupir, elle s'assoit enfin. Je sais que je n'obtiendrai rien sans poser de questions, et que je joue là mon rôle de responsable dans cette équipe, alors je m'applique :

- Comment s'est passée cette journée ? Les consultations ?
- Comme d'habitude.
- Je ne crois pas, sinon, tu ne serais pas venue me tomber dans les bras ce soir.
- Je suis fatiguée, c'est tout.
- C'est l'excuse la plus pourrie que je connaisse et je parle en connaissance de cause. Nabila, je sais ce que c'est que des conditions de travail éprouvantes, moralement je veux dire... Et je sais aussi ce que « je suis fatiguée » signifie. Tout du moins dans mon pays. En gros ça veut dire : « Fous-moi la paix, tu peux pas comprendre, et je veux m'en sortir toute seule ».
- Mais...
- Sauf que ta conscience a pris le dessus sur ta volonté, c'est elle qui t'a poussée à frapper à ma porte et à venir dans mes bras. Tu as juste eu le temps de la faire taire lorsque je t'ai posé ma première question. Je me trompe ?
- Non.
- Très bien, alors vu qu'on vient de finir les présentations entre moi, ta conscience et toi, et qu'on est maintenant entre personnes bien

élevées et de bonne compagnie, je peux te rassurer en te disant que tu n'es pas obligée de t'en sortir toute seule. Et que même si je n'y connais rien... Je sais écouter, et puis... c'est moi que tu es venue trouver.

- Je... C'est les consultations. Je n'en peux plus.

- Tu veux arrêter ?

- Non ! Enfin... si, ce n'est pas les consultations que je veux arrêter... c'est...

- La sensation d'inutilité ?

- Oui... J'ai l'impression de voir les mêmes visages chaque jour, chaque jour les mêmes femmes, les mêmes enfants, chaque jour les mêmes gestes, les mêmes larmes. Je ne me rends plus compte qu'une journée succède à une autre, je vis une journée qui ne se termine jamais. Je n'arrive plus à croire que la nuit tombera un jour sur ce cauchemar éveillé.

- Écoute Nabila, je vais certainement te dire des banalités plus grosses que moi, mais dans ce genre de conversation, c'est le rôle qui est dévolu à la personne qui écoute, et je vais le tenir. Tu es médecin Nabila, c'est un des rares métiers qui se choisisse encore par vocation, je suppose que c'est ton cas ?

- Oui, définitivement.

- En prenant cette décision, tu as choisi de mener un combat qui se perd bien plus souvent qu'il ne se gagne. Quel que soit le pays dans lequel tu exerceras ce métier, tu auras beau être entourée des meilleurs collaborateurs, disposer des meilleurs moyens qui soient, tu devras toujours compter dans ton équipe trois invités supplémentaires : la mort, la souffrance et l'injustice. Tu auras beau faire, elles seront toujours là. Sur cet échiquier, ce n'est pas toi qui a les blancs, tu n'auras jamais l'avantage. Mais rien ne t'empêche de

jouer ton coup.
- Je ne suis pas d'accord. Sur cet échiquier, les pions noirs sont beaucoup moins nombreux que les blancs. Et je n'ai ni roi, ni reine et encore moins de cavalier...
- Certaines parties se gagnent avec très peu de pions.
- Pas celle-là...
- Nabila, qu'est ce qui t'as poussé à exercer ton métier ici ?
- Et bien... parce que même dévasté, c'est mon pays.
- Et...?
- Et ces femmes, ce sont mes sœurs, ma mère ; ces enfants, ce sont les miens. Je pensais que j'avais la possibilité de contribuer à redonner à ce pays la sécurité et le même accès à la santé que j'ai connu petite fille. Mon père était médecin, tu sais... Cette vocation dont tu parlais, se transmet souvent au travers des générations. Avant la première Guerre du Golfe nous n'avions à rougir ni du nombre, ni de la qualité de nos hôpitaux et de nos facultés de médecine. Notre système de santé était internationalement reconnu par les organisations mondiales, je le sais. Mon père était cardiologue. Pendant les années de la première guerre et du boycott, il s'est attaché à faire des stages et des formations à travers toute l'Europe. Il faisait partie de ces gens qui n'ont de cesse d'accumuler des connaissances. Trop, ce n'était jamais assez, il voulait le mieux pour ses patients, ses étudiants... Autant te dire que ma mère a étouffé de nombreux sanglots, à chacun de ses départs, mais elle était fière, ça oui, elle l'était. Chez nous, il nous est arrivé plusieurs fois de recevoir des collègues de mon père : Anglais, Français, Allemands, ou Italiens, notre maison devenait parfois une vraie antichambre de l'Unesco, et je dois dire que j'aimais plutôt ça... J'ai certainement dû apprendre mes premiers mots d'anglais et de français à cette époque. En 2003,

c'est d'ailleurs un médecin français ami de mon père qui l'a appelé affolé. J'entendais ses mots hurlés au téléphone, il suivait les évènements à la télévision et il avait parfaitement reconnu le quartier du centre de cardiologie : « Partez ! » « Partez ! ». Mais mon père n'a jamais voulu quitter ni ses patients ni l'établissement. Il s'est alors rendu immédiatement sur place pour supplier le commandant américain qui dirigeait l'unité aux abords de l'hôpital, de protéger le centre. Et tu sais ce que ce Yankee a répondu du haut de son piédestal blindé ?
- Non, mais j'imagine assez bien.
- Ce chien a juste rétorqué à mon père qu'il devait cesser de larmoyer et que la nation américaine allait lui en reconstruire un autre, plus grand, plus moderne, plus « majestueux ». Deux jours plus tard l'hôpital était rasé, et mon père était assassiné par je ne sais quel groupe armé.
- Nabila ! Comment peux-tu ? Comment peux-tu avec un tel souvenir accepter de travailler ici ? Les américains et les soldats font partie de notre quotidien !
- On est en 2009, Sibylle, beaucoup de choses ont changé, et moi aussi. J'ai pris la décision de ne pas m'exiler de mon pays comme l'ont fait presque trois quarts des médecins, je ne suis pas la seule. J'ai rencontré ici des gens qui avaient la même foi que moi : Sémir, qui m'a recrutée, et Faissal, que je connaissais depuis la faculté et qui m'a parlé du projet. Reconstruire un hôpital avec l'aide de mon peuple et des fonds humanitaires, même si ce n'est pas celui de mon père, est un hommage que je ne peux pas lui refuser. Et quant à cette équipe, elle était spéciale, tu sais... Grâce à...
- Al.
- Oui... Et maintenant, c'est toi qui est là, dans ce bureau. En

apprenant ta venue, je n'avais pas vraiment envie de te faire confiance, Al me manquait trop. Dès les premiers jours, j'ai su que je m'étais trompée... Tu es différente, bien sûr, mais...
- Je suis là.
- Oui... Pardonne-moi, je me rends compte qu'une des raisons cachées de ma venue ce soir était comme un genre de, je ne sais pas...
- Un genre de test ?
- Un peu oui.
- Ce n'est rien, je comprends. Je ne sais pas si j'ai réussi ton test Nabila, mais je suis heureuse d'avoir eu cette conversation avec toi. Je pense que ton père est fier de toi, qu'il te regarde chaque jour, et qu'il te demande de tenir le coup. Crois-moi, je sais de quoi je parle.
- Que veux-tu dire ?
- Rien, Nabila... Rien... Je crois que je suis fatiguée à mon tour...
- Encore une excuse pourrie ?
- Hum... Tu apprends vite ! Allez, je crois que nous allons devoir remettre la suite de cette conversation à un autre jour, avant que je ne révèle trop de choses sur mes petits secrets... Et sans mentir... je suis vraiment épuisée, tu sais.
- Merci Sibylle.
- Merci à toi, Nabila.

Je viens de regarder cette scène avec un œil nouveau, les évènements récents confirmaient ce que cette conversation avait annoncé. Ma place et celle d'Al sont intimement liées, à présent il faut juste que je comprenne pourquoi.
Il m'a fallu ensuite attendre deux jours, pour que nous puissions, Ted et moi, mettre notre plan à exécution, pour que le tour de garde de son pote coïncide avec la nuit. Dans l'après-midi, je m'étais fait

admettre en observation, cela faisait trois nuits que je ne dormais plus, mon corps -tout du moins ce que je percevais être mon corps- était bourré d'adrénaline et refusait tout passage en mode pause, je n'ai donc pas eu trop à me forcer pour avoir l'air affaiblie et inquiète.
Je ne sais pas comment Ted s'est débrouillé, peut-être une partie de cartes nocturne avec les soldats de la troupe qui loge à côté de l'hôpital militaire, mais peu importe.
Il est venu me retrouver dans la salle de repos commune où j'étais censée dormir, et nous sommes sortis discrètement. Selon son pote, la voie était libre jusqu'à la chambre où Sahid était en observation, nous avions un peu plus d'une heure devant nous... Sauf si Sahid se mettait à nouveau à hurler, et dans ce cas, même le pouvoir de séduction que notre complice mettait en action auprès de l'infirmière de garde, pendant notre petite visite, ne servirait pas à grand chose.
Nous avions convenu que c'est Ted qui parlerait en premier à Sahid. Ce dernier était habitué à ce qu'il lui rende visite régulièrement, et même si ses propos n'avaient jamais été très cohérents, Ted était persuadé d'avoir vu plusieurs fois de la reconnaissance dans ses yeux.
Nous allions assez vite être fixés. Ted s'est approché du lit, il me tenait par la main, tout doucement il a commencé :
-Sahid, Sahid, réveille-toi... Sahid, c'est moi, c'est Ted...
Sahid a ouvert les yeux tout doucement, son regard était fixe, puis comme Ted continuait de lui prodiguer des paroles apaisantes, il a progressivement tourné sa tête vers lui...
- C'est bien Sahid, c'est bien... Tu me reconnais ?
L'ancien assistant d'Al hoche doucement la tête, il ne m'a pas encore vue.
- Sahid, je suis venue avec Sibylle, la femme de l'autre jour... Elle va bien, je t'assure, elle n'est pas morte, elle me tient la main, regarde...

Sahid tourne légèrement la tête vers moi, instantanément ses pupilles prennent la même forme que l'autre jour, sa bouche commence à s'ouvrir, il va crier c'est sûr. Plus vif que moi, Ted me lâche brusquement la main pour la plaquer sur la bouche de Sahid et le maintenir sur son lit.

Sahid se débat, sa détresse est évidente.

Je me sens coupable. Et si nous étions en train de faire une grosse connerie... Sahid a une femme, une sœur. Mon Dieu, faites que nous ne fassions pas de connerie. Je vous en prie !... Ted continue de lui parler, plus fermement cette fois.

- Sahid, calme-toi, je t'en conjure... Tout va bien, tout va bien, Sibylle est vivante, Sibylle est forte, elle travaille avec nous depuis deux mois. Regarde, je vais lui prendre la main.

D'un signe, il me demande de faire le tour du lit pour qu'il puisse me toucher avec sa main libre, il me prend la main, ostensiblement il l'attire vers son propre visage, il plaque ma main sur sa joue.

- Regarde Sahid, regarde, j'ai pris sa main, je l'ai posée sur ma joue, je la sens, sa main est douce, je la sens, c'est agréable Sahid, il faut que tu me croies, tout va bien... tout va bien.

Pendant un long moment, Ted, arc-bouté sur le lit, maintient une main sur la bouche de Sahid, relâchant progressivement sa prise à mesure que je sens augmenter la pression de ses doigts sur ma main qu'il tient plaquée sur sa joue. Je laisse ses doigts s'entrecroiser aux miens. Ted... Comment vais-je pouvoir te remercier quand tout cela sera fini ? Je détache alors mon regard de Sahid pour incliner ma tête vers Ted, je sens venir les tressautements caractéristiques de mon menton, instantanément l'eau s'accumule au bord de mes paupières, je laisse couler une fois de plus. Une larme. Une larme s'écrase au ralenti sur le bras de Sahid. Il l'a sentie. Il repousse la main de Ted

encore juste posée sur sa bouche, passe un doigt sur son bras pour y recueillir cette eau qui va nous sauver. Il porte son doigt à sa bouche, puis me regarde...
- S... Sibylle ?
- Oui Sahid... Je suis Sibylle, je suis venue te voir... Je suis venue... Je suis là.
- A... Al... Al m'a parlé...
- Oui... Que t'a-t-il dit ?
J'ai à peine entendu mes mots tellement je parle doucement, j'ai si peur de l'effrayer, je voudrais qu'il me comprenne presque sans parler.
- Al t'attend...
- Il m'attend ?... Où ? Où est-il, Sahid ?
- Al est auprès de Dieu.
- Al est mort ?
- Al parle à Allah chaque jour... Al t'attend...
- Sahid, je... je ne suis pas... je ne suis pas morte... Comment puis-je trouver Al ?
- Tu dois marcher... Tu dois partir...
- Où...?
- Le désert, les montagnes... Te rapprocher de Dieu... Tu dois marcher.... Retrouver Dieu et prier.
- Je ne comprends pas, Sahid...
- Tu dois partir.... sans lui.
Sahid désigne Ted.... Ce sont ses derniers mots, il retombe ensuite sur son oreiller, il respire très faiblement. Ses yeux sont à présent fermés. Il a sombré dans un sommeil très calme. Il semble épuisé. Doucement, nous nous relevons, Ted et moi. Je remonte le drap sur Sahid, je presse ma main sur la sienne. En pensée, le plus fort que je

pouvais, je lui dis : « Merci ».
Il est deux heures du matin environ, nous devons au plus vite rejoindre nos lits respectifs, si nous ne voulons pas attirer l'attention. Nous tombons dans les bras l'un de l'autre, juste un moment. Ted me serre dans ses bras sans appuyer. Comme si j'étais faite de porcelaine.
C'est moi qui prends l'initiative de me détacher. C'est lui qui rompt le silence :
- Tu retournes chez toi demain ?
- Oui, logiquement demain... je serai guérie... enfin, de là... Je désigne mon ventre.
- J'avais bien compris.... Je t'appelle ?
- Oui.
- Bonne nuit Sibylle
- Bonne nuit Ted... bonne nuit.

## Chapitre 25
*Trek dans les montagnes*

Je me suis rendue chez Ted le lendemain en fin d'après-midi, il m'avait appelée dès le matin pour que je puisse lui confirmer que je n'avais pas perdu trop de neurones en son absence. Mais aussi pour m'avouer qu'il avait lui même ressassé les paroles de Sahid pendant une bonne partie de la nuit.

Ni l'un ni l'autre nous ne tenions en place, et c'est pourquoi nous avions convenu de nous retrouver au plus tôt, pour mettre en commun nos cogitations. Cela faisait presque une heure que nous tournions en rond dans sa chambre, et qu'il y avait de moins en moins de tabac dans nos cigarettes.

- Ça aide à la réflexion, me dit-il.
- Si tu le dis...

J'étais moyennement convaincue, mais en même temps, j'aimais bien m'entendre rire un peu. J'en avais assez de pleurer.

- Bon alors on en est où ?
- Je dois rejoindre Dieu, c'est clair, non ?
- Tu m'excuseras, mais non pas vraiment.
- Je dois rejoindre Dieu et prier. Al parle à Dieu tous les jours. Alors soit il est effectivement assis la droite de Dieu, en partageant le même nuage que le Christ.
- Essaye d'éviter les blasphèmes s'il te plait.
- Oui c'est vrai que vous les Américains.
- La religion, c'est un truc sérieux.
- Pour moi aussi, Ted. Je te rassure.

- Alors ?
- Non, plus prosaïquement je pense qu'Al se trouve dans un lieu de prière... Sahid a parlé du désert, des montagnes.
- Tu penses qu'il est parti pour quarante jours, comme... ?
- Non, non, déjà ça me semble peu probable... Et ensuite, s'il m'attend, c'est qu'il est forcément dans un lieu fixe, où je pourrais le rejoindre. Peut-être un refuge, un monastère. Quelque chose comme ça ?
- Je n'aurais jamais cru cela de lui.
- Attends Ted... Dans ses affaires, j'ai trouvé les trois livres les plus universellement reconnus : Le Coran, la Bible, et la Torah. Et ce ne sont pas des vulgaires éditions de poche, je peux te l'assurer.
- Pourtant, Al n'a jamais fait de prosélytisme. La religion venait bien évidemment parfois dans nos conversations du soir, nous échangions sur les points communs, les différences... avec Faissal, avec Lino, quelques autres... En plus avec Al, c'était toujours très...
- Apaisant ?
- Oui.
- Tu m'as dit l'autre jour que tu aurais plutôt situé la foi d'Al dans l'être humain. Le fait qu'il garde avec lui ces trois livres qui ont tant d'origines communes, dont les fondements ont été établis à une époque où la population humaine était très loin d'être aussi étendue que maintenant n'est finalement pas si incohérent que cela.
- C'est une hypothèse. Pourquoi pas... Mais cela ne nous dit pas où chercher.
- Moi j'ai une idée... Si seulement nous avions une connexion internet.
- Si c'est que ça. Ce n'est pas un problème.
- Ah ?

En moins de temps qu'il ne faut pour le dire, Ted me déplie son propre PC portable, et me connecte sur le web... Je ne sais pas ce qu'il a trafiqué, du 3G, du wifi, des trucs piratés, mais peu importe...
- Que veux-tu chercher ?
- Je ne veux rien chercher, je veux aller sur MSN.
- Pourquoi ?
- Pour communiquer avec un ami.
En même temps que je patiente pour que s'ouvre ma fenêtre de connexion, je prie pour qu'Hussein soit lui aussi connecté. Yes! Il est là!
Je commence à écrire...
`- Bonjour Hussein`
Pas de réaction... Je croise les doigts en pensée, je n'attends pas longtemps pour voir les mots s'écrire :
`- Bonjour Sibylle, comment allez-vous ?`
Dieu soit loué ! Notre conversation va pouvoir commencer... Je trouve ce mode de communication extrêmement pratique, j'adore écrire mais dans une lettre ou un mail on ne maîtrise pas toujours la portée que peuvent avoir les écrits, une phrase un peu trop sèche peut parfois induire une mauvaise interprétation.
Tandis que là, on peut recadrer en live, et avec les émoticônes on peut même se permettre le second degré... Ce qu'il est extrêmement difficile de faire par écrit, puisqu'il n'y a ni clin d'œil, ni inflexion de voix.
«- Je vais bien Hussein, je suis ravie de vous parler. Et vous comment allez-vous ?
- Très bien. Je pense souvent à vous, je me demandais si tout se passait comme vous l'espériez ?
- Je pourrais vous répondre à la fois par l'affirmative et par la négative.

- Avez-vous trouvé ce que vous cherchiez ?
- Pas encore. C'est pourquoi j'ai besoin de vous.
- A votre service Sibylle !
- Je cherche dans ce pays un lieu de recueillement religieux, un ermitage, un monastère, un lieu qui serait plutôt isolé. Appartenant plutôt à la communauté chrétienne mais je n'en suis pas sûre.
- Je peux vous demander pourquoi ?
- Je serais ravie de vous répondre Hussein, mais c'est plutôt compliqué. Cela me concerne personnellement, c'est lié à ma place, ma place ici. C'est lié à mon chemin. Vous vous souvenez ? Tout m'indique que ce chemin doit aboutir dans ce lieu.
- Encore une fois je ne peux que vous enjoindre à la prudence. Sibylle, même si je crois savoir à quoi correspond le lieu que vous me demandez.
- Dites-moi, je vous promets de vous tenir au courant, d'une manière ou d'une autre.
- Je compte sur vous.
- Bon... Du temps de mes études, j'avais lu des textes sur la présence de ruines d'un très ancien monastère chrétien effectivement. J'ignore par contre si ces ruines existent encore, ou bien si au contraire une construction plus récente a été bâtie dessus. C'est à 400 kilomètres au Nord de Bagdad, dans les montagnes, non loin de la cité de Mossoul.
- 400 km ! Mais alors il va falloir que je trouve une voiture ?
- C'est indéniable.
- C'est que je pensais… Enfin j'aurais souhaité arriver dans ce lieu à pied. Le symbole en quelque sorte.
-Votre souhait va pouvoir être exhaussé sans problème alors.
- Pourquoi ?

- Parce vous devrez marcher pour les quarante derniers kilomètres, aucune voiture ne pourra monter là-haut. Et j'ajouterais qu'il vous faudra du souffle.
- Pourquoi ?
- Parce qu'il y a plus de 1000 m de dénivelé et que le chemin est plutôt fait pour les mules.
- Et bien ce sera une sorte de pèlerinage alors... Avez-vous le moyen de m'indiquer le lieu exact ?
- Je vous fais glisser le scan d'une carte annotée tout de suite. Avez-vous une voiture ?
- Non, je ne me déplace qu'en ville, et donc en taxi...
- Vous avez toujours l'adresse que je vous avais laissée, celle de mes amis ?
- Oui.
- Rendez vous chez eux. Mon ami Tarek vous conduira là-bas, je vais le prévenir. Vous serez bien accueillie.
- Merci Hussein.
- La paix soit avec vous Sibylle, promettez-moi d'être prudente.
- La paix soit avec vous Hussein, je vous le promets. »

Je ferme ma fenêtre de connexion et je me tourne vers Ted, qui a suivi toute la « conversation » et qui enchaine immédiatement :
- Et bien ! Mon petit doigt me dit que tu vas vouloir le faire finalement, ce petit trek dans les montagnes...
- Et oui... Mais sans toi par contre...
- Tu ne penses pas que c'est un peu trop dangereux ? Je crois au contraire qu'il faut que je t'accompagne.
- Non Ted. Tu as entendu comme moi ce qu'a dit Sahid. Je ne sais

pas ce qui m'attend là-bas. Des choses vont certainement m'être révélées... ça aura peut-être des conséquences sur moi... sur ça.
Je pince ma peau pour lui montrer ce que je veux dire.
- Ca ne m'effraie pas. Ce qui m'effraie, c'est de te laisser.
- N'insiste pas Ted.
- OK... Une fois de plus, tu as tout décidé.
- Oui. Désolée. Une fois de plus.
- Par contre, tu me dois quelque chose avant ton départ.
- Quoi ?
- Une petite séance photo.

## Chapitre 26
*Sainte-Lucie*

Je suis en train d'avaler de la poussière à grandes goulées, et je sens mes paupières se coller peu à peu, avec la quantité soulevée par le 4x4 lancé à pleine vitesse, la protection offerte par mes lunettes est plutôt minimale. Je suis en route vers le point qu'Hussein a dessiné sur sa carte, sans savoir exactement ce que je trouverai là-bas, mais une fois de plus les étapes se sont enchainées avec une facilité déconcertante, alors je ne peux qu'être persuadée d'être en train de filer vers mon destin.

Je suis dans la voiture avec Tarek, l'ami d'Hussein, ainsi qu'avec son fils. Les deux ont décidé de m'accompagner sans que j'insiste beaucoup. Hussein avait bien évidemment préparé le terrain, mais j'ai également l'impression qu'il leur était inconcevable de laisser une jeune femme marcher seule dans les montagnes. Malgré mon insistance, comme quoi il suffisait de me déposer au pied du sentier sensé me mener au monastère, ou ce qu'il en restait, j'avais à peine fini mes explications qu'ils sortaient tous deux leur matériel pour le trek et le bivouac, et les jerrycans pour l'essence. Je pense que la dimension religieuse de mon petit périple n'est pas étrangère à leur décision, et aussi la curiosité qu'Hussein n'a certainement pas manqué d'attiser concernant le caractère improbable de la présence de ces ruines.

La veille, j'avais passé ma dernière soirée à Bagdad, avec Ted. Nous avions d'un commun accord convenu qu'il fallait donner un minimum de détail à l'équipe, vu qu'il nous était impossible de

mesurer les conséquences de mon voyage, et ce qu'il allait advenir de moi. Pour tout le monde, y compris pour Soraya et son époux, j'étais toujours à l'hôpital militaire, j'avais soi-disant chopé des amibes ou un truc intestinal du genre, j'en avais pour minimum encore deux semaines d'arrêt, et je n'acceptais aucune visite à part celle de Ted. En cas de problèmes, d'ordre peu naturel, Ted annoncerait que mon état imposait mon rapatriement en France, mais nous n'en étions pas encore là. Nous ne savions pas exactement comment communiquer entre nous, une fois que je serais partie, vu qu'il ne faudrait plus trop compter sur les téléphones.
Au mieux, si jamais je trouvais ce que j'espérais, Al en particulier, il y avait fort à parier que mon séjour se prolongerait de quelques jours, Tarek et son fils avaient pour mission de faire leur rapport à Ted dès leur retour. A moins que je ne trouve un moyen de communication là-bas. En clair, je m'en remettais à Dieu. Oui, je sais, c'est un peu facile.
Comme convenu, nous avions organisé une petite séance photo dans la chambre de Ted, puisqu'il avait pu récupérer auprès d'un de ses nombreux potes, du matériel photo argentique : appareil, différents objectifs et différentes qualités de pellicule. Sujet unique de ce mini-reportage : moi.
Je suis restée assise sans bouger sur son lit, les mains posées sur mes genoux serrés, et j'ai laissé faire à Ted tous les essais qu'il souhaitait. Nous avons effectué plusieurs essais avec de la lumière naturelle, et avec des pellicules avec très forte sensibilité : du 1000 Asa. Ted a également tenu à faire des essais en m'éclairant avec de la lumière noire. Nous avons dû prendre au bas mot cent prises. Je ne croyais bien évidemment pas trop au résultat, mais je n'ai pas osé entacher l'enthousiasme de Ted.

Ensuite, nous avons passé ma dernière nuit à Bagdad, ensemble, dans sa petite chambre, puisque j'étais censée être retournée à l'hôpital, je ne pouvais plus dormir dans la mienne. Vu ce qui s'était passé dans la chambre de Sahid l'autre soir, j'appréhendais un peu ce moment. Je devais déjà vivre avec le manque de Liam qui me tordait le cœur et le ventre. Liam, que je n'avais toujours pas réussi à joindre, soit dit en passant. Je n'avais pas vraiment envie d'avoir à gérer un problème sentimental supplémentaire avec Ted.
Pour garder la tête claire, j'avais refusé de fumer quoi que ce soit. Nous avions malgré tout beaucoup discuté avant de nous décider à éteindre la lumière et de nous allonger... sur le même lit.
J'ai dormi. Pour la première fois depuis plusieurs nuits, j'ai dormi, apaisée. Les bras de Ted encadraient ma tête, je sentais la chaleur de son corps tout proche. Mais pas une seule fois il ne m'a touchée. Le lendemain matin, nous nous sommes mutuellement jurés que notre au revoir était tout sauf un adieu. Et je suis partie.
J'avais pris connaissance du trajet dans ses grandes lignes, écoutant attentivement les explications données par Tarek lorsque nous étions lui, son fils et moi penchés sur la carte et que nos fronts se touchaient presque. Il nous fallait emprunter la route principale qui joignait Bagdad à Mossoul, mais en aucun cas nous n'essaierions de pénétrer dans la ville, en raison d'une trop forte insécurité. Tarek, qui autrefois possédait des relations professionnelles là-bas, n'avait plus eu depuis fort longtemps de nouvelles au sujet des conditions de vie qui y régnaient à présent.
Malgré la réouverture de l'aéroport international en 2007, la région était encore loin d'être sûre, et il ignorait si des barrages bloquaient encore l'accès de la ville. Nous ferions donc une halte de courte durée à Karadosh dans la plaine de Ninive, avant d'entamer notre

route dans les montagnes du Nord, jusqu'au point où nous ne pourrions plus avancer en voiture.
Il m'expliquait néanmoins que la région n'était pas encore tout à fait une destination touristique de rêve. La plaine qui possédait une indéniable position stratégique et de grandes richesses en terme d'agriculture était toujours en proie à des tensions intracommunautaires graves. Bien qu'elle figure dans la partie arabe des frontières qui délimitent les quinze provinces irakiennes administrées par Bagdad, elle se situait au pied de la région semi-autonome du Kurdistan. Le KRG[3] n'ayant bien évidemment qu'une envie : celle de réintégrer Mossoul et sa région au sein de ses propres provinces.
Tout en essayant de réarranger mon chèche pour la vingtième fois, espérant trouver une configuration qui me protégeraient efficacement de la poussière, et tentant de me caler tant bien que mal pour arrêter de me cogner soit les épaules, soit la tête à chaque irrégularité de la route, c'est à dire plus de dix fois par minute, je me remémorais les grandes lignes du topo historique de la région, qu'Hussein n'avait pas manqué de joindre à sa carte.
En professeur d'université qui se respecte, il m'avait dépeint avec force détails les origines assyriennes de la cité de Mossoul. Bâtie sur les deux rives du Tigre, la ville englobait dans ses murs la très ancienne cité chrétienne de Ninive, ou Ninawah comme disent les gens ici. Pour ceux qui ont deux ou trois souvenirs de catéchisme, c'est la ville où Jonas aurait dû se rendre, juste avant sa mésaventure en bateau, et l'histoire avec la baleine... passons.
Je ne pouvais m'empêcher de déceler entre les lignes écrites par

[3] Kurdistan Régional Government (ndla)

Hussein la profonde admiration que cet homme vouait à l'histoire et au passé prestigieux de son pays. J'avais donc eu le droit à tous les détails académiques : le passé commercial de la cité, visiblement une grande étape sur la route vers les Indes. Les différentes dominations que la ville avait pu connaître: mogole, ottomane, les pachas, les Anglais... Les nouvelles convoitises dues à la découverte de pétrole dans la région. Le tissu léger de coton, cette fameuse mousseline qui tient son nom de la ville... et...
Tout se mélange un peu dans ma tête, mon manque de culture me laisse un arrière-goût coupable, mais immensément humble.
Le point sur lequel insistait Hussein, devinant l'intérêt que j'allais immanquablement porter à ses explications, c'est que la ville avait réussi malgré toutes les répressions et persécutions des différents gouvernements, à maintenir présente une mosaïque multi-culturelle et multi-religieuse. La ville détenait entre autres la plus forte proportion de chrétiens d'Irak, peuple dont l'histoire a l'âge même du christianisme. A Mossoul, les plus anciennes églises de la chrétienté côtoient donc les grandes mosquées et les ruines du Palais du Pasha, le fameux marbre bleu de Mossoul ornant à la fois les murs et les frontons de ces édifices dont les passés s'entrecroisent.

A Karadosh, nous sommes reçus pour la nuit dans la famille du maire du village. Je me dis que les relations d'Hussein ont définitivement le bras long, et je ne peux m'empêcher de m'interroger sur la place réelle que pouvait occuper cet homme dans la société irakienne avant son départ, il y a quinze ans de cela.
Au cours de la soirée, j'apprends que notre hôte, un vieil homme au visage parcheminé et aux yeux minces, appartient en fait à cette fameuse communauté chrétienne, et bien que son arabe soit difficile

à comprendre, je devine ce qu'il explique en substance à Tarek et son fils.

Les chrétiens de la région souffrent horriblement, la plupart de ceux qui habitaient Mossoul ont dû fuir la ville pour se réfugier dans les villages avoisinants à la suite d'une vague de meurtres et de violences. Ses paroles sont sans équivoque: « Nos ancêtres habitaient cette terre avant l'islam et aujourd'hui nos femmes et nos filles se voilent dans les rues de Mossoul. Nos frères et nos fils vivent terrés comme des rats sous la menace d'enlèvement ou d'attentats. Pourquoi ? Notre religion est confondue avec celle des troupes américaines. Les extrémistes voudraient nous voir disparaître d'Irak, nous écraser comme de la vulgaire vermine qui souille leur pays, ou plutôt la sombre image qu'ils s'en font. Et nous sommes pris en étau entre les convoitises du gouvernement du Kurdistan semi-autonome, et celui de l'Irak... J'ignore si un avenir peut encore être offert à nos enfants, et si notre communauté existera encore dans l'Irak de demain ».

Qui peut répondre à cette question pour l'instant insoluble ? Pourquoi ce passé commun qui exprime sa richesse dans la terre et dans les pierres laisse-t-il le cœur des hommes si pauvre et si aride ? Le vieil homme ne trouve que notre silence comme réponse, nous n'avons pas d'autre moyen pour exprimer notre respect.

Lorsqu'il me tend un verre de thé, sa main ridée se presse sur la mienne, à cet instant je sais que cette question m'était personnellement adressée, et cette certitude me fait mal. Je sens dans les moindres fibres de ce qui me fait office de corps que je connais la réponse mais je me tais. Dans le signe de tête que je lui adresse, je place un engagement silencieux. Celui de tout faire pour remettre en cause ce qui n'existe pas encore, tout en m'interrogeant sur les origines de cette assurance qui s'instaure en moi depuis le matin qui a

suivi mon incroyable nuit avec Liam.
Tarek et son fils sont loin d'être des apprentis randonneurs. Ils ont soigneusement étudié la route depuis notre point de départ à la sortie de Karadosh, la répartition des charges dans les sacs, le lieu du bivouac, et notre point d'arrivée... théorique, tout du moins. Le soir suivant autour du feu, alors que je masse soigneusement mes pieds et mes genoux endoloris, nous échangeons peu de mots. Les phrases moitié anglaises, moitié arabes sont réduites à l'essentiel. Comme si nous avions tacitement convenu de cette attitude, comme étant la seule convenable à cette soirée.
Non pas de l'indifférence mais du respect. Quelques mots sur la guerre néanmoins, sur les familles éclatées aux quatre coins du monde, sur ce frère que Tarek n'a pas revu depuis vingt ans et qui ne connait pas son fils. Puis le silence, sans le sommeil, seules nos respirations qui se mélangent et le crépitement du feu.
Le lendemain, nous partons quatre heures avant le lever du soleil, pour éviter de trop souffrir de la chaleur pendant la marche. Si les indications d'Hussein sont exactes, nous sommes censés atteindre notre objectif dès l'apparition des premiers rayons du soleil, ou juste après.
Je n'arrive plus vraiment à savoir si le souffle me manque à cause de la fatigue, de mon manque de pratique pour ce type de marche, ou bien à cause de la peur. Peur de ne rien trouver. Peur de trouver.
Peur de ne rien comprendre. Peur de comprendre.
Je me suis un peu laissée distancer par Tarek et son fils, qui encore plus qu'hier montrent leur aisance. Moi je n'ai rien à montrer. Et j'ai tellement de mal à gérer les pensées contradictoires qui se bousculent dans ma tête, que j'avance plutôt à reculons.
Ils ont disparu derrière la montagne, puisque ce fichu sentier ne cesse

de tourner, en montant sec, bien évidemment. Et c'est à ce moment là que j'entends :
- Sibylle, Sibylle! Viens, viens tout de suite ! C'est là !

Empêtrée dans mes chaussures et butant sur ces fichus cailloux, je marmonne dans ma tête : quoi c'est, là ? Des ruines, des bâtiments ?...
- Sibylle !
Oui, oui, j'arrive... Je ne suis pas une chèvre des hauts plateaux, moi... Je les rejoins enfin, et, d'un seul coup, mauvaise humeur et contradictions diverses s'envolent. C'est tout simplement magnifique. Pas tout à fait comme dans le *Nom de la Rose*... Non, mais... Les bâtisses qui s'étendent devant nous sont beaucoup plus modestes, un bâtiment tout simple, un mur d'enceinte, une arche de pierre, faisant office de porte. Mais le côté parfaitement improbable de ces constructions dans un lieu si isolé et si beau... D'autant plus improbable que les constructions se confondent avec le roc, et je devine que ce que nous voyons n'est en fait que la partie émergée de cet iceberg ocre, et que la montagne cache dans ses replis bien plus que ce que nos yeux contemplent en cet instant...
Oui, il n'y a pas d'autres mots : c'est là.
Appuyés sur nos bâtons de marche, nous effectuons les derniers pas qui nous séparent de l'entrée, et dans un synchronisme parfait nous franchissons l'arche au moment où les premiers rayons du soleil inondent l'endroit. Nous avançons comme si c'étaient les rayons qui nous poussaient à l'intérieur et non nos propres pas.
Il y a plusieurs personnes dans la cour, des moines à n'en pas douter, du fait de leur aube noire et de leurs sandales. Un seul s'avance vers nous, et mon cœur s'arrête de battre.
Il abaisse sa cagoule.

- Je m'appelle Al, je vous souhaite la bienvenue au monastère de Sainte Lucie.
Malgré la mobilité de son regard, et la précision de ses mouvements, je me rends compte tout de suite du petit détail qui cloche. Il y a juste une petite lumière qui manque dans ses yeux. Ted avait raison, il est aveugle.
Al serre la main de Tarek et de son fils, et leur fait signe de le suivre dans le réfectoire pour se reposer. Je les regarde s'éloigner, je suis soufflée.
Al ne m'a pas saluée. Al m'a tout bonnement ignorée.
Quant à mes deux compagnons, ils n'ont pas une seule fois tourné la tête vers moi pour m'inviter à les suivre. Je suis donc là, les bras ballants, sous l'arche de ce monastère.
Je suis arrivée, mais je ne sais plus quoi faire.

## Chapitre 27
*Je sais que vous êtes là*

J'ai le sentiment d'être tout aussi improbable que l'endroit dans lequel je suis. Je suis dehors, dans l'enceinte du monastère, je me suis assise sur un petit banc de pierre, pour souffler un peu et pour observer ce qui se passe autour de moi.
Les différents membres de cette communauté passent devant moi sans même me jeter un regard, mais ils semblent si absorbés dans leurs pensées ou leurs prières que je ne trouve pas de raison de m'en offusquer. Non ce qui me perturbe, c'est l'attitude d'Al.
J'ai carrément l'impression de m'être fait leurrer dans toute cette histoire de soi-disant chemin balisé, de destinée, de choix et de tout le tremblement... Et comme il faut en plus ! Avec les courbatures et les ampoules en prime !
Tiens ! Je n'arrive plus à savoir ce que j'ai pu faire de mon sac à dos, je me serais bien passée de la pommade ou un truc sur mes pieds endoloris... Quitte à attendre, j'aurais pu faire quelque chose d'utile. Je l'ai peut-être tout bonnement posé sous l'arche au moment où nous sommes entrés. Du coup je me relève pour aller y jeter un coup d'œil... Rien... Pas plus de sac, que de démonstration de considération du personnel de cet établissement. Je retourne donc sur mon banc, et j'attends, je n'ai rien d'autre à faire, et surtout, je me sens vidée. La journée passe sans que je ne m'en rende vraiment compte, ce n'est qu'au moment où les rayons du soleil disparaissent derrière le mur d'enceinte que je me décide à sortir de ma torpeur, et de me bouger un peu les fesses. Puisque monsieur Al ne s'est toujours pas décidé à

venir me chercher, je vais le trouver moi-même, et tenter de lui demander à quoi rime tout ce bordel.
J'entre à l'intérieur du bâtiment principal, je repère tout de suite le corridor qui doit mener à la chapelle, et je prends la direction opposée, dans l'espoir d'y trouver les lieux où logent les moines en dehors des temps de prière.
Je pousse la porte du réfectoire dont les voûtes sont creusées dans la roche, et confirment ce que j'avais deviné avant de pénétrer dans l'enceinte. Mais ce dont je ne pouvais présager, c'est que le mobilier de cette immense salle était lui aussi façonné dans le roc : ce sont plus de vingt tables de pierre dont les pieds adhèrent au sol qui s'alignent devant moi, chacune est éclairée par la lumière vacillante de plusieurs cierges.
Il n'y a cependant personne dans cette pièce, je recule donc et je referme la porte le plus silencieusement possible, de crainte de réveiller ou surprendre l'un de mes hôtes aussi mystérieux qu'absents.
Je passe ensuite devant plusieurs portes closes, jusqu'à en repérer une d'entrouverte, grâce au rai de lumière qui se détache dans la pénombre.
A cet instant, je retrouve une parcelle de volonté, un petit reste qui ne s'est pas encore effrité, et c'est presque sans hésiter que je pousse cette porte. Je n'ai pas croisé qui que ce soit dans les couloirs, est-ce donc la seule pièce occupée ?
Une cheminée, un feu brûle. Un fauteuil en bois devant cette cheminée, une grande table, des tabourets, de nombreux livres et différents feuillets éparpillés sur ladite table, qui doit faire office de bureau... Je ne pense pas me tromper sur la personne qui se trouve assise dans le fauteuil de bois.
- Avancez Sibylle, Entrez !... Je sais que vous êtes là.

- Vous vous décidez enfin à m'adresser la parole.... Al.
- Je suis navrée Sibylle, mais je crois bien être une des seules personnes ici à vous voir... Enfin, si je puis dire ! Puisque vous êtes au courant de mon petit handicap, n'est-ce pas ?
- Que voulez vous dire ? Que Sahid avait raison ? Que je suis.... morte ?!!
- Non, vous n'êtes pas morte, Sibylle !
- Mais alors ?
- Vous êtes dans le coma... Depuis trois ans aujourd'hui.
- Dans le coma ? Mais c'est impossible ! Je me suis vue dans ma chambre avant mon départ en Irak... Et mes compagnons ? Je suis arrivée avec deux personnes ce matin, vous êtes venus nous accueillir. Et mes enfants, et...
Je porte mes deux mains à mes tempes, la tête me tourne...
- Calmez-vous Sibylle, calmez-vous... Si vous le pouvez. Venez vous asseoir . Vous aurez les réponses à toutes vos questions, un peu de patience... S'il vous plait... Même si je sais que vous en êtes peu dotée.
Je rêve ou monsieur Al s'autorise la plaisanterie là ? Le flot de questions qui se déverse dans ma tête est à peine gérable. Ca déborde, j'ai la nausée... Je porte la main à ma bouche.
Al s'est levé, a pris ma main et me force doucement à m'asseoir à sa place dans le fauteuil. Il reste debout et regarde le feu dans la cheminée.
- Je... je suis quoi alors ?
- Vous aurez dans quelque temps suffisamment d'éléments pour le définir vous-même, mais je préfère vous prévenir... la nuit risque d'être longue.
- J'ai tant de questions que je ne sais pas par où commencer.
- Vous avez au moins une réponse.

- Laquelle ?
- Je vous attendais effectivement, et j'existe bel et bien.
- Alors là Al, excusez-moi, mais vu ce que j'ai vécu, et vu ce que vous venez de me révéler, ce n'est vraiment pas une preuve.
- C'est juste! Un point pour vous.
- Allez-vous tout me révéler par énigmes ou bien votre discours va-t-il s'éclaircir à un moment ? Allez-vous enfin m'expliquer comment je peux soi-disant être dans le coma depuis trois ans, alors que je me suis « quittée », passez-moi l'expression, mais je suppose que vous êtes au courant, il n'y a pas deux mois, et comment se fait-il que subitement plus personne ne me voit, alors que mon existence aux yeux des autres ne faisait aucun doute jusqu'au lever du jour ?
Cette façon de faire durer le suspens commence à m'agacer un peu.
- Vous avez raison, Sibylle... Mais je vais vous demander toute votre attention car cela risque d'être un peu compliqué.
- C'est un mot que je connais bien depuis quelque temps, et vous le savez très bien !
- Vous êtes quelqu'un d'exceptionnel, Sibylle, vous avez une énergie vitale hors du commun et je pense que vous le savez. Un accident vous a effectivement plongée dans le coma, mais depuis trois ans vous êtes une véritable énigme pour les médecins qui prennent soin de vous. Je suppose que les noms des professeurs Delcourt et Cochin vous évoquent quelque chose ? Oui évidemment... Déjà, vous vous êtes remise de vos blessures relativement rapidement, ensuite, même si vous n'avez jamais franchi le seuil de l'éveil, votre cerveau a régulièrement montré des signes d'activité. C'est pourquoi il n'a jamais été envisagé de vous séparer des machines qui vous aident à vous maintenir en vie, puisque les médecins sont persuadés que votre cerveau fonctionne suffisamment régulièrement pour ne pas avoir à

vous classer dans la catégorie des légumes. Par contre, ils ne comprennent pas pourquoi vous ne vous réveillez pas, car vous en avez plus d'une fois montré les signes, mais vous persistez à rester endormie, sans doute parce que cet état vous permet de découvrir des choses qui vous étaient inconnues... Et vous êtes suffisamment intelligente pour commencer à comprendre ce que je veux dire.

Bref, il y a de cela pratiquement quatre mois, votre cerveau s'est mis à turbiner à plein régime, et votre âme que vous laissiez tranquillement flotter autour de vous, appréciant certainement le point de vue que vous aviez sur vous-même, et sur vos proches, s'est mise à avoir des velléités... euh... d'existence, si je puis dire.

Cela se produit, parfois. Et cela devient extrêmement important pour nous. Tttt... J'ai bien vu que vous brûliez de me poser une nouvelle question, mais je vais vous enjoindre à la mettre de côté pour l'instant. Pardonnez-moi de rester volontairement évasif pour l'instant sur ce que peut bien signifier ce « nous » qui vous dérange, nous partirions dans une digression qui nuirait à votre compréhension. Le moment viendra de vous donner plus de détails, rassurez-vous.

Pour prendre vie, votre âme avait besoin de vous, de vous voir vivre, vivante... Alors vous avez commencé à prendre forme dans votre passé, dans les quelques semaines qui ont précédé l'accident. Il vous a fallu plusieurs essais pour devenir complètement autonome, je pense que vous vous souvenez exactement de chacun de ces essais. Oui... Je vois que vous commencez à comprendre...

Cette énergie vitale dont je vous ai parlé a permis à votre âme, non pas de se créer une véritable enveloppe charnelle, mais une force ou une barrière énergétique suffisamment puissante pour vous permettre la préhension d'objets, ou d'enfiler les vêtements qui vous plaisaient,

pour que les gens qui vous entourent aient une véritable perception des limites extérieures de votre corps, que ce soit de manière visuelle, ou bien en vous touchant.
Les plus sensibles ont parfois fait les frais d'une petite décharge électrostatique, mais quoi de plus normal, ce sont des choses qui arrivent extrêmement souvent lorsque deux personnes se touchent, vous le savez bien. Sauf qu'avec vous, c'était particulièrement douloureux, pardonnez-moi de vous le préciser.
- Ça explique alors pour les photos...
- Oui... Encore que... je crois que les petits essais de votre ami Ted se sont avérés fructueux. Même s'il a peiné pour trouver la bonne exposition et les bons paramètres de développement pour arriver à faire une image de vous, ou plutôt de votre contour... Quant aux êtres vivants, c'est beaucoup plus simple.
Ne vous est-il jamais arrivé de sentir le regard de quelqu'un dans votre dos... De deviner si quelqu'un était présent dans une pièce alors que vous ne le voyiez pas...? Ce type de perception dont chacun d'entre nous est doté, et qui souvent se décuple chez les gens qui comme moi souffrent d'une déficience d'un des cinq sens principaux... Nous somme tous capables de donner une image à une perception énergétique, si en plus comme vous cette perception pétille de vie... Cela fonctionne vraiment très bien.
- Est-ce que ça veut dire que je n'apparaissais pas de la même manière aux yeux de tout le monde ?
- Ça je l'ignore un peu... Normalement, non... La barrière énergétique que vous arriviez à créer contenait toutes les informations concernant votre apparence. Cela pouvait avoir une influence éventuelle selon votre humeur, par exemple sur la teinte exacte de vos cheveux ou de vos yeux, mais sans plus. Mais cela explique également vos petites

difficultés au passage de la sécurité à l'aéroport.
- Et comment se fait-il que Sahid m'ait reconnue si vite ? Et que lui est-il arrivé exactement ? Ou plutôt... Que lui avez-vous fait ?
- Sahid... Mmm... Sahid fait quasiment partie de notre communauté.
- Quasiment ?
- Oui... Nous connaissons Sahid depuis presque trente ans, il a été recueilli ici il ne devait pas avoir plus de cinq ou six ans, mais nous n'avons jamais véritablement su son âge. Ce petit garçon est arrivé à Sainte-Lucie par ses propres moyens, il était déshydraté au dernier degré, ses larmes avaient creusé sur ses joues de véritables sillons dans une croute de poussière et de sang, ses yeux n'exprimaient rien d'autre que la peur. Il s'est écroulé, là-bas, juste sous l'arche, il a fallu toute notre attention, et toutes les ressources sacrées de ce lieu très saint pour le ramener à la vie, ce qui fut possible en quelques mois. Mais il nous a fallu cinq années de plus pour le ramener de l'endroit où son esprit était parti. Sahid souffre d'une certaine forme d'autisme. D'où vient son handicap ? Nous ne le savons pas précisément, mais dans le flot de ses plaintes et de ses délires, lorsqu'il était entre la vie et la mort, nous avons réussi à comprendre qu'il avait dû perdre sa famille et certainement tout son village dans une attaque ou un bombardement. Tout laisse présager que ce petit garçon était issu d'une famille kurde. La force qui l'a maintenu en vie, au-delà de la détresse infinie, et qui l'a mené jusqu'à nous est un des points commun à chacune des personnes qui réside ici. C'est à cause de cette force que j'en ai fait mon propre assistant, et par extension mon messager... Je n'avais pas d'autre moyen pour vous faire venir ici. En revanche, je n'ai pas réussi à le protéger comme je le devais, il n'aurait pas dû être avec moi ce matin-là, mais il lui était insupportable de me laisser seul, il m'a désobéi. J'ai juste eu le temps

de l'éloigner... Cette bombe lui a rappelé les douleurs atroces de son enfance, et il est reparti.... Si nous voulons le ramener, nous allons devoir retourner à Bagdad, moi, et un ou deux frères.

- Comment se fait-il qu'il me croyait morte, et qu'il m'ait reconnu...

- J'avais mis votre image dans son esprit, ensuite, je lui avais parlé d'une âme... Je n'ai pas réussi à lui faire comprendre votre état... Votre existence, si je puis dire, était pour lui indissociable de votre mort. Encore une fois, c'est votre énergie vitale qui vous a permis de communiquer avec lui.

- Oui, je vois... Mais pourquoi alors ce curé que j'ai rencontré à Paris m'a-t-il certifié que mes enfants seraient entre de bonnes mains... J'étais persuadée que l'autre, que moi... enfin vous voyez ce que je veux dire, allait prendre soin d'eux pendant que... Enfin bref, que ce cours de ma vie allait continuer sur une voie « normale ».

- Les accidents font partie de la voie « normale » comme vous l'appelez... Vous n'y pouvez absolument rien... Et ensuite, il fallait absolument que nous vous poussions dans vos retranchements, pour que vous découvriez ce que vous avez découvert ici, et surtout que vous ne soyez plus dans les parages lorsque l'accident allait se produire. Les conséquences pour votre âme, et donc pour votre corps auraient pu être fatales.

- Pourtant je ne suis pas morte dans cet accident !

- Non, mais il a été extrêmement violent, et rien que cela, aurait provoqué à votre âme un dommage dont il est difficile de mesurer les conséquences... Ensuite, vous n'étiez pas seule dans cet accident, je ne pense pas que vous auriez pu survivre à cette vision.

- Vous voulez dire que ?...

- Qu'une autre personne est morte dans cet accident... Une personne à laquelle vous teniez beaucoup.

- Oh mon Dieu pas mon... ?!
- Non Sibylle, ni votre époux, ni vos enfants... Mais je sens que vous avez déjà compris de qui il s'agissait.
- William...
- Oui.
En une seconde, toute une série d'images de mon passé viennent de se percuter les unes contre les autres très violemment en heurtant les parois de mon crâne, comme si quelqu'un s'était décidé à enfin s'en débarrasser, et venait de les jeter sans aucun ménagement. Je courbe mon dos et j'attrape ma tête dans mes mains, je voudrais qu'elles rentrent à l'intérieur, pour démêler et ranimer ces braises de souvenirs incandescents qui ne s'étaient jamais vraiment éteints.
William. William Argan... Mon Dieu, William, non !
Peu à peu, les images se remettent dans l'ordre. William Argan faisait partie de cette équipe d'Américains pour lesquels je travaillais avant mon départ... Ce projet qui nous posait tant de difficultés à Henri et moi, enfin surtout moi. William faisait partie de la famille, par son père je crois, qui possédait la société qui nous avait demandé cette étude. Il était extrêmement compétent, très exigeant, il m'agaçait au plus au point, mais surtout.... Oh, mon Dieu... Ce qui s'était passé, nous ne l'avions pas souhaité, mais il est arrivé un moment où nous n'avions pas pu faire autrement que de le vouloir.
Comme une rivière qui barre une route, ne laissant pas d'autre choix que de rebrousser chemin ou de chercher une autre voie, un gué... Je ne pense pas que nous étions de ces personnes qui refusent les difficultés, cette rivière nous l'avons traversée tout droit, sans changer notre route d'un iota, mais sans nous laisser submerger. Mais franchir un obstacle ne signifie pas pour autant changer de route ensuite, et je n'avais aucune envie de changer la mienne... Enfin, jusqu'à ce que...

Jusqu'au moment où j'ai dû faire ce fameux choix... Jusqu'au moment où j'ai répondu à l'appel qui m'a amenée dans ce pays.
William...
Tu étais bien plus qu'une étape, tu étais important, oui important. Je ne vois pas d'autres mots. Je me revois, je suis retournée à Boston avec Henri, et quelques-uns des patrons de Priam, je crois. Nous devions faire une présentation importante à nos clients.
La présentation s'est parfaitement déroulée, le projet prenait forme, nous commencions à vraiment cerner les besoins de nos clients, et à mettre en œuvre les éléments qui leur donnaient satisfaction. Nous étions restés ensemble, William et moi, à la fin de la réunion, pour planifier les autres rendez-vous de la semaine, et nous mettre d'accord sur les différents points à aborder, nous voulions également échanger les différentes notes que nous avions respectivement prises au cours de la réunion, afin de s'assurer que le compte-rendu que j'effectuerai serait parfaitement représentatif.
Bref boulot-boulot pendant près de deux heures supplémentaires. Ensuite, par galanterie, il m'a bien évidemment proposé de me raccompagner à mon hôtel, il était en moto, mais gardait toujours un casque supplémentaire, et comme tous mes bagages étaient déjà à l'hôtel... J'ai accepté, sans trop d'hésitation, à la fois parce que ça me rappelait ma jeunesse, lors de laquelle j'avais très souvent été passagère de différents potes qui avaient tous des motos à l'époque, et puis pour ne rien cacher, j'allais savourer cette occasion de me serrer contre lui...
Les regards que nous avons échangés juste avant de coiffer nos casques étaient chargés à la fois d'hésitation et des résolutions que nous avions déjà prises auparavant. Ce trajet allait il vraiment m'emmener jusqu'à mon hôtel ? Avions-nous vraiment décidé

quelque chose ?
Je ne l'ai jamais su. Un camion a surgi de nulle part, ce camion a décidé à notre place. Et je n'allais plus jamais vouloir remonter sur une moto.
William... Oh... William... Où es-tu à présent ? Te revoir... Je voudrais tellement te revoir... Tellement....
- Vous l'avez revu, Sibylle...
- Quoi ?
- William... Vous l'avez revu.
- Mais... Comment... ?
- Réfléchissez... N'avez-vous pas eu ces derniers jours des impressions de déjà vu, de déjà ressenti, de déjà...
- Stop ! Arrêtez... J'ai compris : Liam... C'est Liam n'est-ce pas...
- Je pense que je peux vous laisser recoller cette partie du puzzle toute seule....
Liam O'Calahan, William Argan... William, Liam... oui... Ces deux hommes sont en fait une seule et même personne. Liam avait dû donner une autre orientation à sa carrière, rejoindre son père, reprendre son nom, travailler pour lui... A moins que cela ne ce soit passé dans l'autre sens... Purée avec cette histoire de décalage de trois ans, je n'y comprends plus rien...
- Je vais vous aider Sibylle... Comme vous l'avez compris, il s'agit effectivement du même homme. Vous avez revu Liam la première fois, le jour de sa mort... Son âme est revenue sur ce lieu qu'il avait tant aimé, il avait travaillé ici autrefois, pour l'organisation, toujours avec Sémir d'ailleurs, avant de rejoindre son père aux Etats-Unis.
- Son âme... Mais alors ?
- Non Sibylle, ce n'est pas comme vous, Liam est mort, son âme possède beaucoup moins d'énergie que la vôtre... Vous étiez la seule

personne à pouvoir le voir...
- Mais je ne comprends pas... Liam est venu sur le chantier... Il y avait les autres, nous avons parlé...
- Réfléchissez Sibylle... Avez-vous une seule fois eu une réunion avec Liam en présence des autres ? Toutes vos entrevues ne se sont-elles pas produites dans votre bureau... ? Enfin dans « mon » bureau... si je voulais vous taquiner...
- Mais Ted, Lino... Tout le monde avait l'air si soulagé à son départ... Il nous avait imposé un rythme assez effréné pendant toute cette semaine, sans compter l'atmosphère électrique...
- C'est vous, c'est vous Sibylle qui leur avez imposé ce rythme... C'est vous et uniquement vous qui leur mettiez la pression... C'étaient les demandes de Liam certes... Mais c'est votre nervosité qu'ils ont eu à subir... Quant à l'électricité... Deux âmes qui se rencontrent, il y a forcément du haut voltage dans l'air...
- Mais et cette nuit où...
- Où vous avez fait l'amour ? Je vous rassure Sibylle, cette nuit a vraiment eu lieu. Deux âmes qui font l'amour ensemble, c'est quelque chose de très... énergétique... Vous avez certainement eu l'impression qu'un orage tonnait ce soir-là. C'est vous deux qui produisiez cela... A Bagdad, ils sont habitués aux lumières nocturnes, aux déflagrations, mais là... Ça devait être impressionnant, croyez-moi.
- Je me sens confuse... Les gens...
- Rassurez-vous, les gens ne se sont aperçus de rien de spécial. Je vous l'ai dit, ils sont habitués... Par contre vous, vous avez rechargé vos batteries à fond cette nuit là... C'est le cas de le dire. Et vous n'avez pas manqué de vous en apercevoir le lendemain matin.
- Oui. C'était très agréable, j'avais l'impression que ma seule présence au milieu de... enfin de ce chaos. Enfin c'est très difficile à exprimer...

Il me semblait que cette énergie... Je pouvais la communiquer, je pouvais comme... transformer les choses. Comme si j'étais enfin à la hauteur.
- Oui. Et il était important que vous puissiez percevoir cette sensation... très important.
- Ne vous faites pas plus mystérieux que vous ne l'êtes Al... Vous voulez me dire quelque chose, mais c'est comme si vous hésitiez... Et puis, vous ne m'avez toujours pas dit pourquoi subitement les gens ne me voyaient plus, et pourquoi Tarek et son fils ont fait comme si je n'existais pas à la minute où nous avons pénétré dans le monastère.
- Oui. Sibylle, comme je vous l'ai dit, votre accident s'est produit il y a trois ans déjà... Les évènements que vous venez de vivre, avec Ted, avec Lino, et même avec Dédé le réceptionniste de l'hôtel, se sont produits il y a en fait trois ans. En venant ici... Comment dire... ? C'est un lieu très spécial, vous savez, et il y a des choses qu'il ne me sera pas possible de vous expliquer exactement mais... A la seconde même où vous avez franchi l'arche, à la seconde même où les rayons du soleil on traversé votre âme... Vous êtes revenue dans le temps présent. Ce voyage instantané vous a fait perdre beaucoup d'énergie... beaucoup... Et encore maintenant, vous n'avez pas suffisamment récupéré pour pouvoir vous donner à nouveau cette fameuse enveloppe dont je vous parlais il y a un moment. Quant à Tarek et son fils, ce matin. Il s'agissait de leur deuxième visite dans ce lieu. Ils avaient déjà fait ce voyage. Il y a trois ans, sur les conseils d'un ami à eux. Vous connaissez Hussein bien sûr... Et ils sont revenus ce matin, un peu comme un pèlerinage, car ils se souvenaient que leur passage ici leur avait procuré beaucoup de bien.
-Et moi... Ils se souviennent de moi ?
- Oui, confusément... Ils se souviennent être venus avec une jeune

femme, mais dans leur esprit, elle est restée après leur départ... Ils sont rentrés seuls à Bagdad. Ils n'ont jamais su ce qu'elle est devenue.
- Mais alors, Ted ?
- Ted a été prévenu que vous restiez ici, que vous ne reviendriez pas avant plusieurs années. Il a donc fait ce que vous aviez convenu ensemble. Il a dit à l'équipe que vous aviez été rapatriée en France. Depuis, il est parti sur un autre projet... en Afrique je crois.
- Et l'hôpital ?
- L'hôpital a été inauguré pas plus tard que la semaine dernière. Sémir est resté comme directeur comme convenu. Il s'est occupé avec Faissal et Nabila de recruter le personnel de santé manquant. Il y aura encore certainement beaucoup de choses à régler. Mais ce projet est une réussite, je vous rassure. Ah oui, et puis, un détail... L'aile ouest a été modifiée selon vos indications. Je pense que cette information vous fait plaisir.
- Ah ! Oh oui... beaucoup... Merci Al... Vous aviez eu la même idée que moi, si je ne m'abuse ?
- Oui, je suis au courant que vous avez un peu fouillé dans mes affaires.
- Oh... Veuillez m'excuser, Al... Au départ je ne voulais pas violer votre intimité, mais il fallait que je vous retrouve.
- Je sais Sibylle... Au fait, merci pour m'avoir ramené mes livres.
- Mais comment ? Il m'a été impossible de retrouver mon sac ce matin.
- Il y a trois ans Sibylle, vous m'avez donné ces livres il y a trois ans... Votre sac ne pouvait pas être avec vous ce matin.
- C'est vraiment compliqué là... On ne pourrait pas faire une pause... ?
- Je vous avais prévenue... Je vous offrirai bien quelque chose à boire

ou à manger, mais vous savez comme moi que vous ne pouvez rien absorber... sauf éventuellement de la fumée.
- Mais si... Je me souviens avoir...
- Quoi ? Je ne pense pas que vous ayez une seule fois touché à ce que vous préparait Soraya. Quant aux différents cafés ou thés que vous avez tenus dans les mains... Vous avez surtout respiré leurs arômes. Mais la plupart du temps vous les avez laissés s'évaporer dans vos tasses.
- Et les bières ?
- Avec Liam ? Sibylle, je vous rappelle que vous étiez la seule à voir Liam... Alors, il y a peut-être aussi d'autres choses que vous avez cru faire ce soir là... Je pense qu'il y avait plus important que ce que vous buviez. Vous aviez des choses à vous dire, non ?
- Oui... c'est juste... Mais alors mon sang, mes larmes ?
- Pour cela vous avez déjà un peu deviné par vous-même. La personne qui avait la meilleure perception de vous, de vos contours, de votre enveloppe, et qui s'en persuadait un peu plus chaque jour, c'est vous. Il était normal de voir vos larmes couler, de voir votre sang couler. Vous aviez mal, vous aviez toutes les sensations associées, pourquoi ne pas le voir en vrai ?
- Mais ce n'était qu'une illusion, qu'un mirage.
- Pour cela oui.
- Et les autres ? Les autres ont touché mes larmes, Ted, Sahid...
- Ils étaient tout aussi persuadés que vous... Ne vous est-il jamais arrivé d'avoir l'impression de sentir une goutte de pluie vous tomber dessus, alors qu'en fait il n'y avait rien ?
- Je vois, mais alors... Et maintenant ?
- Maintenant, ou d'ici quelques jours il va vous falloir faire un choix Sibylle, encore un.

- Lequel ?
- Ne le devinez-vous pas ? Vous allez devoir choisir entre vous réveiller définitivement, retrouver Paul, serrer à nouveau vos enfants dans vos bras... Ou bien rester ce que vous êtes devenue... Une âme vivante, un être de bien, ou même je dirais...
- Un ange ?
- Oui, d'une certaine façon... et à nouveau contribuer à ce monde, de la même manière que ce que vous avez perçu ce fameux matin. Être à la hauteur de ce monde, Sibylle... C'est d'une certaine manière, en faire partie, pas forcément en tant qu'être humain... En tant que lien... Comprenez-vous... ?
- Je dois me décider quand ?
- Vous avez quelques jours devant vous. Sinon... Vous ne pouvez pas rester dans cet état sans faire de choix, Sibylle, cela risque d'être préjudiciable pour votre âme, et donc pour votre corps... et vous risquez de...
- Mourir ?
- Oui, exactement.
- Et... Est-ce que ?
- Non Sibylle, il n'est pas sûr que vous puissiez revoir Liam. Cela peut arriver, mais ce n'est pas garanti... Son corps est mort... Son âme ne navigue pas forcément dans notre monde, pas tout le temps. Il se peut que vous ne le revoyiez jamais, mais en même temps.
- Il est également possible que je le revoie...
- Oui.
- Je crois que j'aimerai être seule à présent, Al.
- Je comprends, je vais vous conduire à votre chambre... Une âme a aussi besoin de repos.
- D'accord.

Al me conduit dans une petite chambre, un lit tout simple mais visiblement confortable, une fenêtre ouverte sur le ciel, un fauteuil, une table. La parfaite cellule monacale. Au moment de le quitter je l'arrête.

- Au fait Al... Quel est votre véritable nom ?

- Alan, Albert ou Halid... Je prendrais le nom que vous voudrez. Cela arrive à des gens très bien vous savez, d'avoir plusieurs noms... suivant les personnes qui s'adressent à vous. Bonne nuit Sibylle.

- Bonne nuit, Al.

Je m'assois sur mon lit, je lève la tête vers le ciel étoilé. Encore un choix... Le choix de renaître, ou le choix de me faire pousser des ailes dans le dos.

Paul. Je croyais pouvoir encore te serrer dans mes bras par procuration, je croyais que l'autre Sibylle le faisait en mon absence... En fait, tu m'attends depuis trois ans. Trois ans... Mon fils aîné a dû rentrer au lycée. Mes enfants... Quel souvenir ont-ils de leur maman, de son rire, de ses bras.

Vous me manquez tant.

J'ignore encore quel sera mon choix, mais je sais déjà que je ferai le bon.

# Épilogue
*Quelques notes*

Le prénom de l'inspecteur Derrick est Stephan.
Le monastère de Sainte-Lucie n'existe bien évidemment pas.

Dépôt légal : Juin 2013
Achevé d'imprimer par Présence Graphique
2 rue de la Pinsonnière – 37260 Monts
www.presence-graphique.fr

Imprimé en France

ISBN : 978-2-919403-16-5

Prix : 19,90 €